自由贸易协定商务应用指南丛书

《亚太贸易协定》
商务应用指南

中国国际贸易促进委员会　编

中国商务出版社
CHINA COMMERCE AND TRADE PRESS

图书在版编目（CIP）数据

《亚太贸易协定》商务应用指南／中国国际贸易促
进委员会编. —北京：中国商务出版社，2022.8
（自由贸易协定商务应用指南丛书）
ISBN 978-7-5103-4380-3

Ⅰ.①亚…　Ⅱ.①中…　Ⅲ.①国际贸易—贸易协定—
亚太地区—指南　Ⅳ.①F753.04-62

中国版本图书馆 CIP 数据核字（2022）第 143707 号

自由贸易协定商务应用指南丛书

《亚太贸易协定》商务应用指南

《YATAI MAOYI XIEDING》SHANGWU YINGYONG ZHINAN

中国国际贸易促进委员会　编

出　　　版：中国商务出版社
地　　　址：北京市东城区安外东后巷 28 号　　邮　　编：100710
责任部门：外语事业部（010-64243656）
责任编辑：李自满
直销客服：010-64255862
总 发 行：中国商务出版社发行部（010-64208388　64515150）
网购零售：中国商务出版社淘宝店（010-64286917）
网　　　址：http://www.cctpress.com
网　　　店：https://shop595663922.taobao.com
邮　　　箱：278056012@qq.com
排　　　版：北京天逸合文化有限公司
印　　　刷：三河市鹏远艺兴印务有限公司
开　　　本：700 毫米×1000 毫米　1/16
印　　　张：8　　　　　　　　　　字　　数：123 千字
版　　　次：2022 年 11 月第 1 版　　印　　次：2022 年 11 月第 1 次印刷
书　　　号：ISBN 978-7-5103-4380-3
定　　　价：42.00 元

凡所购本版图书如有印装质量问题，请与本社印制部联系（电话：010-64248236）

自由贸易协定商务应用指南丛书
编委会

《亚太贸易协定》
商务应用指南

编写组：

  山东大学自贸区研究院：刘　文(团队负责人)　王　涵

          魏聪慧　颜相子

  中国国际贸易促进委员会：徐　钊　郭　佳　汪　丽

审核组： 李文国　孙盛含　赵颖欣　宁　培　高一阁　张苑驰

    孙　怡

审校组： 李学新　赵桂茹　高　爽　李自满　汪　沁　李　君

    刘静知　谢星光

卷首语

以世界贸易组织（WTO）为代表的多边贸易体制和以自由贸易协定（FTA）为主要表现形式的区域性贸易安排，是驱动经济全球化发展的两个"轮子"。近年来，开放水平更高、灵活性更强的区域性贸易安排蓬勃发展，在推动全球贸易发展、构建世界经济新规则等方面发挥了重要作用。

党中央高度重视自由贸易区建设。党的十七大报告将自由贸易区建设上升为国家战略。十八大报告提出，要加快实施自由贸易区战略。十九大报告提出，要支持多边贸易体制，促进自由贸易区建设，推动建设开放型世界经济。党的十九届五中全会强调，实施自由贸易区提升战略，构建面向全球的高标准自由贸易区网络。截至目前，我国已与26个国家和地区签署了19个自贸协定，自贸伙伴遍及亚洲、大洋洲、拉丁美洲、欧洲和非洲。特别是2022年1月1日，《区域全面经济伙伴关系协定》（RCEP）正式生效，标志着世界上人口数量最多、成员结构最多元、发展潜力最大的自贸区正式落地，将为区域乃至全球贸易投资增长、经济复苏和繁荣发展作出重要贡献。

大力推广实施自贸协定，是实施自由贸易区提升战略、推进贸易高质量发展的关键环节，对于增强我国产业在国际国内两个市场配置资源的能力、加快构建新发展格局，具有重要意义。由于自贸协定涉及领域广、专业性强、较为复杂，我国企业对于自贸协定优惠政策不了解、不掌握、不会用的情况较为普遍，自贸协定总体利用率还不够高。自贸协定推广实施工作亟须加强。

近年来，中国贸促会认真贯彻落实党中央关于自由贸易区建设的系列决策部署，充分发挥连接政企、衔接内外、对接供需的独特优势，围绕信息发布、政策宣介、企业培训和优惠原产地证签发等，深入开展自贸协定推广实施工作。为帮助广大企业更好了解我国已签署的各项自贸协定，用好用足相关优惠政策，中国贸促会组织编写了自由贸易协定商务应用指南丛书，涉及中国—东盟、中国—巴基斯坦、中国—新加坡、中国—韩国、亚太贸易协定、《内地与港澳关于建立更紧密经贸关系的安排》（CEPA）、中国—格鲁吉亚、《海峡两岸经济合作框架协议》（ECFA）、中国—智利、中国—秘鲁、中国—哥斯达黎加、中国—新西兰、中国—澳大利亚、中国—冰岛、中国—瑞士，以及《区域全面经济伙伴关系协定》共 16 个自由贸易协定。

该丛书通过规则解读、趋势研判和案例剖析相结合的方式，系统介绍各自贸协定的详细规则和使用方法，力求全面准确、重点突出、通俗易懂，为广大企业提供看得懂、用得上的"明白纸"和"工具书"。

欢迎社会各界批评指正，提出宝贵意见建议，帮助我们不断完善本系列丛书，使之成为中国企业开展对外贸易与投资的重要参考。

中国国际贸易促进委员会会长

2022 年 10 月 8 日

目 录

第一章

亚太相关国家经贸合作及《亚太贸易协定》签署进程

《亚太贸易协定》是亚太地区唯一连接东亚、东南亚和南亚的区域贸易安排，对促进缔约方之间的经济合作起到了重要作用，也对促进亚太地区和全球贸易投资流动具有积极影响。通过阅读本章，企业可以了解和掌握如下内容：

1. 各缔约方宏观经济概况；

2. 中国与相关缔约方货物贸易规模及结构；

3. 中国与相关缔约方投资规模及产业分布；

4. 中国与《亚太贸易协定》相关缔约方其他合作领域发展状况；

5.《亚太贸易协定》发展过程。

第一节　亚太地区相关国家的经贸合作

《亚太贸易协定》的前身是 1975 年 7 月在泰国曼谷签署的《联合国亚太经济和社会委员会发展中成员关于贸易谈判的第一协定》(简称《曼谷协定》),初始缔约方有孟加拉国、印度、老挝、韩国和斯里兰卡 5 个国家。2005 年 11 月更名为《亚太贸易协定》。中国和蒙古国分别于 2001 年 5 月和 2020 年 10 月加入,现共有 7 个缔约方。

《亚太贸易协定》并不是严格意义上的自由贸易协定,而是一个区域性多边贸易安排,与自由贸易协定的主要区别是,协定缔约方间同意对某些产品给予部分关税减免待遇,而不是以取消绝大多数货物的关税为目标。2001 年 5 月 23 日,中国正式成为《曼谷协定》(《亚太贸易协定》的前身)成员,这是中国首次加入贸易协定的尝试,在中国贸易自由化发展的历史上具有里程碑意义。加入《亚太贸易协定》,在稳定中国周边环境和促进区域经济发展等方面产生了深远的影响。

《亚太贸易协定》(《曼谷协定》)于 1972—1975 年开始第一轮谈判,就产品达成降税协议,并签署了《曼谷协定》,缔约方相互给予关税优惠,给予老挝以特殊优惠待遇;于 1984—1990 年进行第二轮谈判,谈判内容主要包括扩大减让产品范围、增加优惠幅度和给予孟加拉国以特殊优惠。在原产地规则方面,参加国一致同意对所有《曼谷协定》缔约方适用 50% 的增值标准,对最不发达国家成员适用 40% 的增值标准;于 2001—2005 年进行第三轮谈判。2005 年 11 月 2 日,《曼谷协定》第一届部长级理事会在北京举行。会上,各成员代表共同宣布,《曼谷协定》正式更名为《亚太贸易协定》。2006 年 9 月 1 日,《亚太贸易协定》缔约方开始实施第三轮谈判结果。在第三轮谈判结果中,中国将向其他缔约方的 1717 项 8 位税目①产品提供优惠关税,平均减让幅度 27%;另外,中

---

① 税目是指在税法中对征税对象分类规定的具体征税项目,反映具体征税范围,是对课税对象质的界定。

国还将向协定缔约方中最不发达的孟加拉国和老挝的 162 项 8 位税目产品提供特别优惠，平均减让幅度 77%。根据 2005 年税则[①]计算，中国可享受印度 570 项 6 位税目、韩国 1367 项 10 位税目、斯里兰卡 427 项 6 位税目和孟加拉国 209 项 8 位税目产品的优惠关税，主要产品有：农产品、食品、矿产品、燃料、化工产品、橡胶及其制品、皮革及其制品、木制品、纸制品、纺织品、鞋类、陶瓷制品、玻璃制品、珠宝首饰、金属及其制品、机电产品、光学仪器、灯具、玩具、运动器材等。

一、《亚太贸易协定》相关缔约方宏观经济概况

(一)《亚太贸易协定》相关缔约方宏观经济状况

就体量而言，《亚太贸易协定》各缔约方组成了一个具有巨大市场容量和发展潜力的合作区域。截至 2021 年底，《亚太贸易协定》缔约方来自东北亚、东南亚和南亚地区，协定缔约方有中国、韩国、印度、斯里兰卡、孟加拉国、老挝和蒙古国，面积总计 1486.65 万平方公里，人口总计 30.3 亿，占亚洲总人口的 66%，GDP 合计约 21 万亿美元，占亚洲总量的 60%，是一个具有巨大市场容量和发展潜力的区域贸易安排。

根据世界贸易组织(WTO)2020 年所公布的数据，《亚太贸易协定》各缔约方中，韩国、中国和斯里兰卡第一产业占 GDP 比重小于 10%，其他缔约方第一产业占 GDP 比重在 10% 和 20% 之间。除蒙古国、老挝和印度以外，其他缔约方第三产业占 GDP 比重均超过了 50%。此外，缔约方之间的人均 GDP 差异较大，人均 GDP 最高的韩国(3.15 万美元)是人均 GDP 最低的孟加拉国(0.26 万美元)的 12 倍(见图 1-1)。

(二)《亚太贸易协定》相关缔约方国别经济概况

1. 中国的宏观经济概况

(1)中国宏观经济基本情况

中国位于亚洲东部，太平洋西岸，陆地面积约为 960 万平方公里，2020 年

---

① 《中华人民共和国进出口税则 2005 年版》。

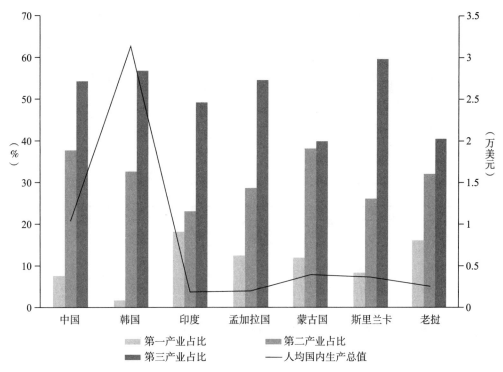

图 1-1　《亚太贸易协定》缔约方 2020 年国内生产总值产业构成及人均 GDP

年末总人口为 14.12 亿。① 2010—2020 年中国的宏观经济基本情况见表 1-1。

表 1-1　2010—2020 年中国宏观经济状况

年份	国内生产总值（万亿元人民币）	国内生产总值（万亿美元）	国内生产总值占世界的比重（%）	国内生产总值年增长率（%）	城镇登记失业率（%）	人均国内生产总值（万元人民币）	人均国内生产总值（美元）
2010	41.2	5.88	9.34	10.6	4.10	3.1	4550
2011	48.8	7.30	10.48	9.3	4.10	3.6	5447
2012	53.9	8.23	11.47	7.8	4.10	4.0	6265
2013	59.3	9.24	12.34	7.7	4.05	4.3	6992
2014	64.4	10.36	13.30	7.3	4.09	4.7	7684
2015	68.9	10.87	14.80	7.0	4.05	5.0	8067

① 中国的国土面积及人口数据来源于中国统计出版社，《中国统计年鉴 2021》。

（续　表）

年份	国内生产总值(万亿元人民币)	国内生产总值(万亿美元)	国内生产总值占世界的比重(%)	国内生产总值年增长率(%)	城镇登记失业率(%)	人均国内生产总值(万元人民币)	人均国内生产总值(美元)
2016	74.6	11.20	14.81	6.8	4.02	5.4	8148
2017	83.2	12.24	15.17	6.9	3.90	6.0	8879
2018	91.9	13.61	15.86	6.8	3.80	6.6	9977
2019	98.7	14.34	16.34	6.0	3.62	7.0	10217
2020	101.6	14.72	17.38	2.3	4.24	7.2	10500

资料来源：根据中国统计出版社各年度《中国统计年鉴》数据计算整理，各指标以最新发布数据为准。

近年来，中国宏观经济发展态势良好，国民经济产业构成日趋改善。如表1-1所示，2010—2019年，中国国内生产总值年增长率始终保持在较高水平。2020年，受新冠肺炎疫情影响，中国经济增长速度出现下滑。近年来，中国国内生产总值在世界经济中所占比重逐年上升。人均国内生产总值稳定增长，并于2019年超过1万美元。中国城镇登记失业率总体保持稳定。第一和第二产业增加值占国内生产总值的比重呈逐步下降趋势，第三产业所占比重则稳步上升（见表1-2）。

表1-2　2010—2020年中国各产业增加值占GDP的比重

（单位：%）

年份	第一产业比重	第二产业比重	第三产业比重
2010	9.3	46.5	44.2
2011	9.2	46.5	44.3
2012	9.1	45.4	45.5
2013	8.9	44.2	46.9
2014	8.6	43.1	48.3
2015	8.4	40.8	50.8
2016	8.1	39.6	52.4
2017	7.5	39.9	52.7

（续 表）

年份	第一产业比重	第二产业比重	第三产业比重
2018	7.0	39.7	53.3
2019	7.1	38.6	54.3
2020	7.7	37.8	54.5

资料来源：中国统计出版社，《中国统计年鉴2021》。

（2）货物贸易

中国的货物贸易规模快速扩大，对世界货物贸易贡献不断提升。2010年以来，中国货物贸易发展情况详见表1-3所示。根据世界贸易组织统计，2020年中国货物出口规模保持世界第一位，出口金额约占世界货物出口总额的14.7%；中国货物进口规模保持世界第二位，进口金额约占世界货物进口总额的11.5%。[①]

表1-3　2010—2020年中国货物贸易规模

（单位：亿美元）

年份	中国进口总额	中国出口总额	中国进出口总额	中国贸易差额
2010	13962.5	15777.5	29740.0	1815.1
2011	17434.8	18983.8	36418.6	1549.0
2012	18184.1	20487.1	38671.2	2303.1
2013	19499.9	22090.0	41589.9	2590.2
2014	19592.4	23422.9	43015.3	3830.6
2015	16795.6	22734.7	39530.3	5939.0
2016	15879.3	20976.3	36855.6	5097.1
2017	18437.9	22633.5	41071.4	4195.5
2018	21357.3	24866.8	46224.2	3509.5
2019	20784.1	24994.8	45778.9	4210.7
2020	20659.6	25899.5	46559.1	5239.9

资料来源：中国统计出版社，《中国统计年鉴2021》。

---

① 资料来源：世界贸易组织. *World Trade Statistical Review 2021*。

（3）服务贸易

中国服务贸易规模快速增长，进口需求增长尤为显著。如表 1-4 所示，2010—2019 年，中国服务贸易增长迅速。2020 年，受新冠肺炎疫情影响，中国服务贸易规模有所萎缩。目前，中国服务贸易的绝对规模仍然显著小于货物贸易，但服务进口额及进出口总额的增长速度已明显超越同期货物贸易的增长速度。① 中国对服务进口的需求增长尤其引人注目。如表 1-5 所示，运输服务，旅行服务，建筑服务，电信、计算机和信息服务是中国服务出口的主要部门。而中国服务进口的主要部门为运输服务和旅行服务。中国服务出口的主要目的地为中国香港、欧盟、美国、日本和新加坡；进口主要来源地为中国香港、美国、欧盟、日本和加拿大。②

中国服务贸易世界排名基本保持稳定，进口占比显著上升。2020 年，中国服务出口居世界第四位，与 2010 年排名相同，服务出口金额约占世界服务出口总额的 5.7%，比 2010 年有所上升；中国服务进口排名从 2010 年的世界第三位上升至第二位，服务进口金额约占世界服务进口总额的 8.2%，比 2010 年时的 5.47% 显著提升。③

表 1-4　2010—2020 年中国服务贸易规模

（单位：亿美元）

年份	服务进口金额	服务出口金额	服务进出口总额	服务贸易差额
2010	1934.0	1783.4	3717.4	−150.6
2011	2478.4	2010.5	4488.9	−467.9
2012	2813.0	2015.8	4828.8	−797.2
2013	3306.1	2070.1	5376.1	−1236.0
2014	4328.8	2191.4	6520.2	−2137.4

---

① 根据表 1-4 数据，2010 年至 2020 年间，中国服务进口额的年均增长率为 7.02%，服务进出口总额的年均增长率为 5.94%；根据表 1-3 数据，同期，中国货物进口额的年均增长率为 4%，货物进出口总额的年均增长率为 4.58%。

② 资料来源：世界贸易组织. *Trade Profiles 2021*。

③ 资料来源：世界贸易组织. *Trade Profiles 2011* 及世界贸易组织. *World Trade Statistical Review 2021*。此段数据统计中不包括政府服务。

（续　表）

年份	服务进口金额	服务出口金额	服务进出口总额	服务贸易差额
2015	4355.4	2186.2	6541.6	-2169.2
2016	4521.0	2095.3	6616.3	-2425.7
2017	4675.9	2280.9	6956.8	-2395.0
2018	5250.4	2668.4	7981.8	-2582.0
2019	5014.0	2836.0	7850.0	-2178.0
2020	3810.9	2806.3	6617.2	-1004.6

资料来源：中国统计出版社，《中国统计年鉴 2021》。

中国服务贸易部门结构正在不断优化。根据中国商务部的统计，2020 年，受新冠肺炎疫情影响，旅行等传统服务贸易部门在中国服务贸易中所占比重显著下降，但电信、计算机和信息服务，金融服务，保险服务以及知识产权使用费等知识密集型服务在服务贸易中占比继续提高，贸易结构不断优化。2020 年，中国知识密集型服务进出口总额为 20331.2 亿元人民币，增长 8.3%，占服务进出口总额的比重达到 44.5%，比上年提升 9.9 个百分点。[①] 2020 年中国各服务部门进出口情况详见表 1-5。

表 1-5　2020 年中国服务贸易部门构成情况

服务类别	进出口		出口		进口		贸易差额		
	金额（亿元人民币）	同比（%）	金额（亿元人民币）	同比（%）	金额（亿元人民币）	同比（%）	2020 年（亿元人民币）	2019 年（亿元人民币）	逆差减少
总额	45642.7	-15.7	19356.7	-1.1	26286.0	-24.0	-6929.3	-15024.9	8095.6
运输	10434.8	0.2	3904.1	22.9	6530.7	-9.7	-2626.6	-4059.2	1432.6
旅行	10192.9	-48.3	1141.3	-52.1	9051.6	-47.7	-7910.3	-14941.6	7031.3
建筑	2295.8	-10.8	1733.6	-10.3	562.2	-12.3	1171.4	1290.8	-119.4
保险服务	1222.4	13.9	370.9	12.5	851.4	14.5	-480.5	-413.7	-66.8
金融服务	507.6	15.4	288.7	7.0	219.0	28.5	69.7	99.3	-29.6

---

① 商务部：《中国对外贸易形势报告》(2021 年春季)。

（续　表）

服务类别	进出口		出口		进口		贸易差额		
	金额（亿元人民币）	同比（%）	金额（亿元人民币）	同比（%）	金额（亿元人民币）	同比（%）	2020年（亿元人民币）	2019年（亿元人民币）	逆差减少
电信、计算机和信息服务	6465.4	16.0	4191.4	12.8	2274.0	22.5	1917.4	1860.0	57.4
知识产权使用费	3194.4	12.9	598.9	30.5	2595.5	9.4	-1996.6	-1912.5	-84.1
个人、文化和娱乐服务	298.2	-18.1	90.7	9.8	207.5	-26.3	-116.7	-198.8	82.0
维护和维修服务	760.2	-20.4	528.6	-24.7	231.6	-8.2	296.9	450.0	-153.0
加工服务	1209.3	-11.8	1174.8	-12.9	34.5	60.2	1140.3	1327.7	-187.4
其他商业服务	8643.2	1.7	5160.8	2.0	3482.4	1.3	1678.4	1621.5	56.8
政府服务	418.5	15.3	172.9	62.4	245.6	-4.3	-72.7	-150.1	77.4

资料来源：商务部，《中国对外贸易形势报告》（2021年春季）。

（4）投资

2010年以来，中国的外商直接投资基本保持稳定增长。中国对外直接投资规模在2010—2016年间总体呈快速增长态势，并于2014年超过了同期外商直接投资规模。2017—2019年间，中国对外直接投资规模有所下调，2020年又回升至接近2017年的水平。总体而言，2010年以来，中国对外直接投资的增长速度超过了同期外商直接投资的增长速度（见表1-6）。

表1-6　2010—2020年中国外商直接投资及对外直接投资

（单位：亿美元）

年份	外商直接投资	对外直接投资流量	年末对外直接投资存量
2010	1057.30	688.1	3172.1
2011	1160.11	746.5	4247.8
2012	1117.16	878.0	5319.4
2013	1175.86	1078.4	6604.8
2014	1195.62	1231.2	8826.4
2015	1262.67	1456.7	10978.6

（续　表）

年份	外商直接投资	对外直接投资流量	年末对外直接投资存量
2016	1260.01	1961.5	13573.9
2017	1310.35	1582.9	18090.4
2018	1349.66	1430.4	19822.7
2019	1381.35	1369.1	21988.8
2020	1443.69	1537.1	25806.6

资料来源：中国统计出版社，《中国统计年鉴2021》。

2. 韩国的宏观经济概况

（1）韩国宏观经济基本情况

韩国地处亚洲大陆东北部，朝鲜半岛南端，截至2022年，韩国面积约10.33万平方公里，人口约5200万，东部和东南部与日本隔海相邻，北与朝鲜接壤，西与中国隔海相望，与中国威海市仅相隔93海里(1海里≈1.852千米)。

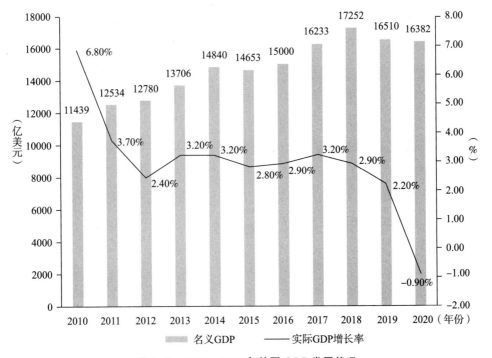

图1-2　2010—2020年韩国GDP发展状况

资料来源：根据韩国银行网站资料整理。

韩国经济在 20 世纪 60 年代起步后一度保持高速增长，仅几十年就从人均 GDP 仅 87 美元的发展中国家成为发达国家，缔造了世界瞩目的"汉江奇迹"。近年来，韩国经济发展速度放缓，保持低速增长态势，实际 GDP 增速大约维持在 2%～3%。2020 年，受新冠肺炎疫情影响还出现了小幅下跌。根据韩国银行公布的数据，2020 年，韩国名义 GDP 16382 亿美元，居世界第 10 位，人均 GDP 31440.6 美元，居世界第 27 位。

与其他发达经济体类似，服务业在韩国国民经济中占有重要地位。随着韩国的农业、工业占 GDP 比重逐渐降低，服务业占 GDP 比重则逐渐提高。2020 年，韩国的一、二、三产业分别占 GDP 比重的 1.8%、41.1% 和 57.1%。

韩国的经济、金融环境较为稳定。2020 年，国际评级机构惠誉连续第八年将韩国主权信用评级为 AA−，认为虽然半岛地缘政治风险、老龄化、劳动生产率下降等中期结构性挑战犹存，但稳健的宏观经济与财政运营使其有足够的缓冲能力应对外部不确定性因素。另外两大信评公司穆迪和标准普尔同样对韩国较为看好，信用评级分别为 Aa2 和 AA 级，展望稳定。

（2）贸易

韩国国土面积较小，自然资源较为匮乏，人口密度较大，市场相对狭小。因此，经济对外依存度高，是以出口为导向的外向型经济。主要出口商品均为资本或技术密集型产品，如半导体、显示器、石化产品、车辆等；主要进口商品则为油气等能源和燃料、矿石、半导体、电子元器件、机械等。2019 年，韩国货物贸易总额 10455 亿美元，连续 3 年突破万亿大关：其中，出口货物 5422 亿美元，约占世界出口总额的 2.87%，居世界第七位；进口 5033 亿美元，约占世界进口总额的 2.62%，居世界第八位；贸易顺差 389 亿美元。2020 年，韩国货物贸易总额 9801 亿美元：其中，进口额为 4676 亿美元，出口额为 5125 亿美元。中国是韩国第一大出口市场（约占韩国出口总额的 25.9%）和第一大进口市场（约占韩国进口总额的 23.3%）。

不同于货物贸易，韩国服务贸易常年处于逆差状态，主要服务贸易伙伴包括美国、中国、日本、欧盟和东南亚等地区。根据联合国贸易和发展会议数据，2020 年，韩国服务贸易总额 1902.1 亿美元，同比降低 15.8%：其中，进口 1029.36 亿美元，出口 872.74 亿美元，贸易逆差 156.62 亿美元。

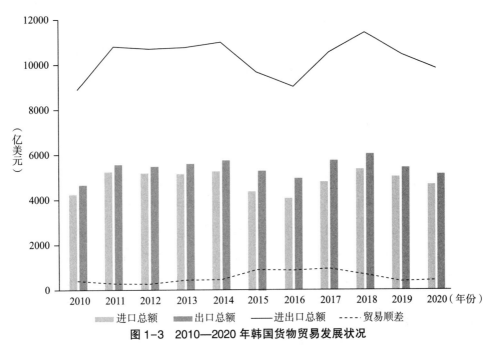

图 1-3　2010—2020 年韩国货物贸易发展状况

资料来源：根据《中国统计年鉴》附录数据计算整理，各指标以最新发布数据为准。

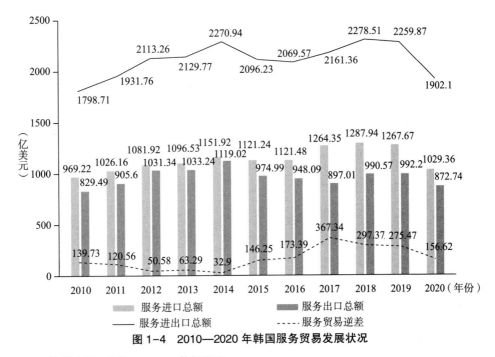

图 1-4　2010—2020 年韩国服务贸易发展状况

资料来源：根据 UNCTAD 数据整理。

（3）投资

在全球对外投资萎缩、中美贸易摩擦、英国脱欧、日本限制对韩国技术出口等不确定因素持续增加的情况下，韩国对外投资和引进外资都有所变化。根据联合国贸易和发展会议数据，2020年，韩国对外投资324.80亿美元，占世界对外投资总量的4.39%，虽然较2019年对外投资数量减少，但是在世界范围来看仍具有较大影响力；与对外投资类似，2020年韩国吸收外资流量为92.24亿美元，呈现绝对意义上减少而相对意义上仍占较大比重的特点。从投资来源地看，欧盟投资保持增长，中国、美国投资大幅减少，日本投资基本持平。从投资领域看，制造业中主要引资行业为化工、电气电子、机械设备、运输机械、食品和医药，上述六个领域占制造业比重高达97.1%；服务业投资主要集中在批发零售、金融保险、信息通信和房地产等领域，上述四个领域合计投资占比高达78.4%。

表1-7　2010—2020年韩国外商直接投资及对外直接投资

年份	外商直接投资			对外直接投资		
	流入韩国 （亿美元）	流入世界 （亿美元）	全球占比 （%）	流出韩国 （亿美元）	流出世界 （亿美元）	全球占比 （%）
2010	94.97	13937.29	0.68	282.22	13921.84	2.03
2011	97.73	16128.90	0.61	296.48	16274.34	1.82
2012	94.96	14913.31	0.64	305.99	13069.21	2.34
2013	127.67	14535.06	0.88	283.18	14234.25	1.99
2014	92.74	14021.17	0.66	279.99	13708.16	2.04
2015	41.04	20322.98	0.20	236.87	16982.09	1.39
2016	121.04	20652.38	0.59	298.90	16161.38	1.85
2017	179.13	16473.12	1.09	340.69	16046.97	2.12
2018	121.83	14367.32	0.85	382.20	8707.15	4.39
2019	96.34	15302.28	0.63	352.39	12204.32	2.89
2020	92.24	9988.91	0.92	324.80	7398.72	4.39

资料来源：根据UNCTAD数据整理。

3. 孟加拉国的宏观经济概况

孟加拉国位于南亚次大陆，东、西、北三面与印度毗邻，东南与缅甸接壤，南临孟加拉湾，海岸线长 550 公里，全境 85% 的地区为平原，国土面积约 14.76 万平方公里，人口约 1.64 亿，居全世界第八位。

近年来，孟加拉国经济持续稳定增长，新冠肺炎疫情出现之前 GDP 年均增长率维持在 6% 以上。2018/2019 财年①，孟加拉国实际 GDP 约合 1316.20 亿美元，名义 GDP 约合 3025.11 亿美元，人均 GDP 约合 1828 美元，人均收入约合 1909 美元（按 1 美元兑 84.03 塔卡汇率计算）。2019/2020 财年，孟加拉国实际 GDP 约合 1362.13 亿美元，名义 GDP 约合 3259.95 亿美元，人均 GDP 约合 1930 美元，人均收入约合 2024 美元，三者较 2018/2019 财年均呈现出增长趋势，但是增长幅度有所放缓。

表 1-8　2014—2020 年孟加拉国宏观经济发展状况

财年	实际 GDP（亿美元）	经济增长率（%）	名义 GDP（亿美元）	人均 GDP（美元）	人均收入（美元）
2014/2015	981.79	6.55	1804.12	1142	1216
2015/2016	1052.01	7.10	2062.36	1290	1364
2016/2017	1128.17	7.28	2351.54	1454	1516
2017/2018	1216.23	7.86	2677.62	1636	1711
2018/2019	1316.20	8.15	3025.11	1828	1909
2019/2020	1362.13	3.51	3259.95	1930	2024

注：上述 GDP 增速按实际 GDP 计算，人均 GDP 及人均收入按名义 GDP 和 GNI 计算，按 1 美元兑 84.03 塔卡汇率计算。

资料来源：根据孟加拉国统计局资料整理。

2019/2020 财年，孟加拉国三大产业占 GDP 比重分别为 13.74%、34.78% 和 51.48%。孟加拉国经济发展水平较低，工业发展相对落后，以劳动密集型的轻工业为主，钢铁、有色、建材、汽车、船舶等行业主要依赖进口。服装业是孟加拉国的支柱产业，也是创汇额最大的产业，孟加拉国约有 500 万人从事

---

① 财政年度，是指每年的 7 月 1 日到第二年的 6 月 30 日。

该行业。目前，孟加拉国是全球牛仔服装主要生产国，年产量约为 2 亿件。

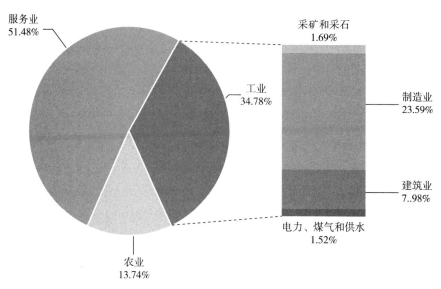

图 1-5 2019/2020 财年孟加拉国 GDP 三次产业构成

资料来源：根据孟加拉国统计局资料整理。

国际援助是孟加拉国外汇储备的重要来源，也是孟加拉国投资发展项目的主要资金来源。2019/2020 财年，国际社会承诺新增援助孟加拉国资金总额为 97.24 亿美元，其中，无偿援助 5.02 亿美元，优惠贷款 92.22 亿美元；实际使用援助款项 71.21 亿美元，其中，无偿援助 2.76 亿美元，优惠贷款 68.45 亿美元。从援助来源看，多边援助主要来自世界银行国际开发协会（IDA）、亚洲开发银行和联合国系统。2019/2020 财年，亚洲开发银行（ADB）承诺援孟 17.99 亿美元，援助金额在多边援助伙伴承诺援款中排首位。双边援助主要来自日本、美国、英国、中国、加拿大、德国等。2019/2020 财年双边援助国家中，日本承诺援助 31.18 亿美元，援助金额在双边援助中排首位。从援款支出情况看，孟加拉国实际使用援助款项排名前五位的部门分别为道路交通部门、通信科技部门、电力能源部门、建设规划部门和公共卫生部门。

孟加拉国与 130 多个国家和地区有贸易往来，常年处于贸易逆差状态。据孟加拉国统计局数据，2019/2020 财年，孟加拉国对外贸易总额约 973.5 亿美元：其中，出口额 331.64 亿美元，同比下降 19.6%；进口额 641.86 亿美元，同比下降 5.8%。

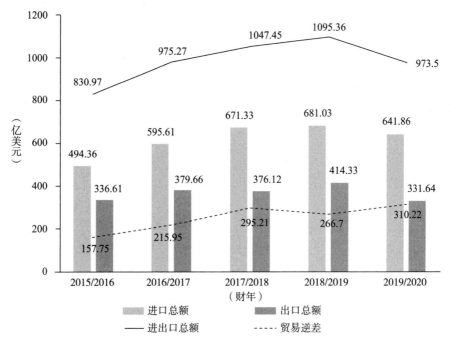

图 1-6 2015—2020 年孟加拉国进出口发展状况

资料来源：根据孟加拉国统计局资料整理。

2019/2020 财年，孟加拉国前 10 大商品进口来源地为中国、印度、新加坡、印尼、马来西亚、中国香港、日本、韩国、德国、科威特；前 10 大商品出口目的地为加拿大、美国、英国、西班牙、法国、荷兰、意大利、比利时、德国、土耳其。

4. 印度的宏观经济概况

印度是南亚次大陆最大国家，东北部同中国、尼泊尔、不丹接壤，东部与缅甸为邻，东南部与斯里兰卡隔海相望，西北部与巴基斯坦交界。东临孟加拉湾，西濒阿拉伯海，面积约 298 万平方公里（不包括中印边境印占区和克什米尔印度实际控制区等），居世界第七位。2021 年总人口约 13.9 亿，位居世界第二位。

根据国际货币基金组织的经济调查数据,印度 2018/2019 财年① GDP 为 2.72 万亿美元,人均 GDP 为 2038 美元。2019/2020 财年 GDP 为 2.9 万亿美元,GDP 增长率 5%,人均 GDP 为 2104.1 美元,外汇储备 5226 亿美元。根据国际货币基金组织及世界银行数据,2020/2021 财年 GDP 为 2.7 万亿美元,GDP 增长率为 -8%,人均 GDP 为 1965 美元。

　　印度资源丰富,有矿藏近 100 种。拥有世界 1/10 的可耕地,面积约 1.6 亿公顷,人均 0.17 公顷,是世界上最大的粮食生产国之一。主要工业包括纺织、食品加工、化工、制药、钢铁、水泥、采矿、石油和机械等,汽车、电子产品制造、航空和空间等新兴工业近年来发展迅速。服务业发展较快,2016/2017 财年、2017/2018 财年分别增长 7.7%、8.3%。2017/2018 财年,服务业对国民生产总值增加值的贡献率为 55.2%,2020/2021 财年,服务业对国民生产总值增加值的贡献率为 55.39%,是印度创造就业、创汇和吸引外资的主要部门。

　　印度外贸进口大于出口,持续保持外贸逆差状态。据联合国商品贸易统计数据,2019 年印度货物进出口总额为 80.22 亿美元,同比下降 3.36%。其中,出口总额 32.33 亿美元,同比上升了 0.25%;进口总额 47.89 亿美元,同比下降 5.65%;贸易逆差 15.56 亿美元,下降 15.94%。2020 年印度货物进出口总额为 64.35 亿美元,同比下降 19.78%。其中,出口总额 27.55 亿美元,同比下降 14.79%;进口总额 36.80 亿美元,同比下降 23.16%;贸易逆差 9.25 亿美元,下降 40.55%。可见,新冠肺炎疫情对于印度的对外贸易产生了重要影响,不同程度地降低了印度的进出口总额、出口额和进口额。

　　2020 年,印度前三大出口贸易伙伴为美国、中国和阿联酋。印度对三国出口额分别为 493 亿美元、190 亿美元和 180 亿美元,分别占印度出口总额的 17.9%、6.9% 和 6.5%。2020 年,印度前三大进口贸易伙伴为中国、美国和阿联酋。印度自三国进口额分别为 588 亿美元、266 亿美元和 239 亿美元,分别占印度进口总额的 16%、7.2% 和 6.5%。

---

　　① 印度每年 4 月 1 日至次年 3 月 31 日为一个财政年度。

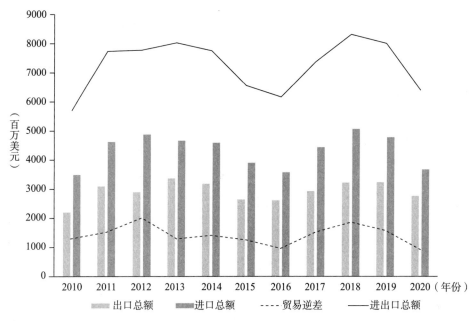

图 1-7　2001—2020 年印度进出口发展状况

资料来源：根据联合国商品贸易统计数据整理。

2019 年，印度前三大贸易逆差来源国为中国、沙特阿拉伯和伊拉克，逆差额分别为 512.4 亿美元、212 亿美元和 202.8 亿美元，分别下降 10.5%、6.6% 和 4.5%。贸易顺差主要来自美国、孟加拉国和尼泊尔，2019 年顺差额分别为 176.2 亿美元、71.0 亿美元和 65.9 亿美元。2019 年印度与主要贸易伙伴进出口状况详见表 1-9。

表 1-9　2019 年印度与主要贸易伙伴进出口状况

进口				出口			
国家/地区	金额（百万美元）	同比（%）	占比（%）	国家/地区	金额（百万美元）	同比（%）	占比（%）
中国	68365	-7.3	14.1	美国	53866	4.7	16.6
美国	36241	6.2	7.5	阿联酋	29827	4.0	9.2
阿联酋	30456	13.4	6.3	中国	17128	3.9	5.3
沙特阿拉伯	27151	-3.8	5.6	中国香港	12116	-8.7	3.7
伊拉克	22261	-3.3	4.6	新加坡	10591	2.6	3.3

（续　表）

进口				出口			
国家/地区	金额（百万美元）	同比（%）	占比（%）	国家/地区	金额（百万美元）	同比（%）	占比（%）
瑞士	17773	-1.4	3.7	英国	8805	-10.2	2.7
中国香港	17389	8.9	3.6	荷兰	8779	2.1	2.7
韩国	16113	-1.6	3.3	德国	8578	-4.5	2.7
印度尼西亚	15554	-3.0	3.2	孟加拉国	8334	-11.3	2.6
新加坡	14906	3.9	3.1	尼泊尔	7292	-7.2	2.3
德国	13210	-12.7	2.7	比利时	6169	-9.1	1.9
日本	12751	1.7	2.6	马来西亚	6166	-8.0	1.9
尼日利亚	10619	-4.8	2.2	沙特阿拉伯	5947	8.0	1.8
澳大利亚	10576	-25.4	2.2	越南	5508	-17.9	1.7
马来西亚	10440	-0.3	2.2	法国	5344	2.8	1.7
总额	483864	-6.0	100.0	总额	324163	-0.2	100.0

资料来源：根据商务部国别贸易报告整理，https://countryreport.mofcom.gov.cn.

从贸易结构看，印度主要出口商品有矿产品、化工产品和贵金属及制品，2019 年出口额分别为 486.6 亿美元、482.2 亿美元和 386.4 亿美元。其中，化工产品增长 8.1%，矿产品和贵金属及制品分别下降 7.3% 和 4.1%，上述三类产品分别占印度出口总额的 15.0%、14.9% 和 11.9%。印度的主要进口商品为矿产品、机电产品和贵金属及制品，2019 年进口额分别为 1589.4 亿美元、953.1 亿美元和 590.6 亿美元，分别下降 10.2%、0.4% 和 9.3%，分别占印度进口总额的 32.9%、19.7% 和 12.2%。

5. 斯里兰卡的宏观经济概况

斯里兰卡是印度洋上的岛国，在南亚次大陆南端，西北隔保克海峡与印度半岛相望，总面积约为 6.56 万平方公里，2018 年人口约 2167 万。斯里兰卡中央银行 2020 年度报告显示，该国 2020 年 GDP 为 807 亿美元，人均 GDP 为 3682 美元，GDP 增长率为-3.6%。

斯里兰卡工业基础较为薄弱，自 1978 年开始实行经济开放政策，通过大力吸引外资，推进私有化，逐步形成市场经济格局。工业、农业、服务业产值分别占 GDP 的 26.4%、7.0%、57.4%（见图 1-8）。主要有纺织、服装、皮革、食品、饮料、烟草、造纸、木材、化工、石油加工、橡胶、塑料和金属加工及机器装配等工业，大多集中于科伦坡地区。农业主要作物为茶叶、橡胶、椰子等。服务业中贸易、运输、信息通讯等产业增长较快。

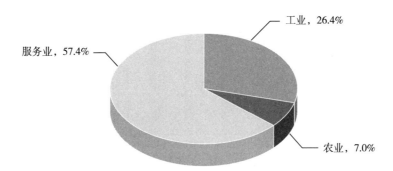

图 1-8　2019 年斯里兰卡工业、农业、服务业产值 GDP 占比

资料来源：根据商务部数据整理。

斯里兰卡政府长期实行赤字财政政策。2019 年，斯里兰卡财政收入 105.84 亿美元，财政支出 128.52 亿美元，财政赤字 22.68 亿美元。外汇储备 76.42 亿美元，同比下降 1.4%。外债 548.56 亿美元，同比增长 1.9%。2020 年，财政预算收入为 1.4 万亿卢比（约合 73.39 亿美元），支出 3 万亿卢比（约合 163.1 亿美元），财政赤字率 11.1%。

近年来，斯里兰卡贸易规模逐渐扩大，持续保持逆差。2001 年，进出口总额为 10.04 亿美元：其中，出口 4.63 亿美元，进口 5.41 亿美元，逆差 0.78 亿美元。2019 年，进出口总额为 318.8 亿美元：其中，出口 119.4 亿美元，进口 199.4 亿美元，逆差达 80 亿美元。2020 年，进出口总额下降为 271.02 亿美元：其中，出口 110.47 亿美元，进口 160.55 亿美元，逆差下降为 50.08 亿美元。

2020 年，中国超越印度成为斯里兰卡第一大贸易伙伴，美国仍为斯里兰卡第三大贸易伙伴。2020 年，斯里兰卡与中国、印度、美国贸易额共 105 亿美元，约占对外贸易总额 40%，但较 2019 年的 126 亿美元减少了 21 亿美元。受新冠肺炎疫情影响，该国与其他主要贸易伙伴双边贸易额亦有所下降。

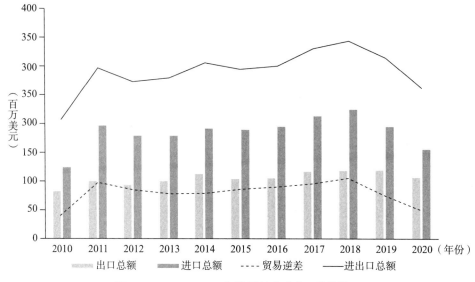

图 1-9　2001—2020 年斯里兰卡进出口发展状况

资料来源：根据联合国商品贸易统计数据整理。

　　2020 年，欧美仍为斯里兰卡主要出口目的地。斯里兰卡对美国出口占其出口总额的 24.9%，其次为英国 9.0%、印度 6.0%、德国 5.7% 和意大利 4.5%。此外，斯里兰卡对欧盟出口占其出口总额的 17.0%。2020 年，亚洲仍持续成为斯里兰卡主要进口来源地。中国连续第 2 年成为斯里兰卡第一大进口来源国，自中国进口占其进口总额的 22.0%；其次为印度 19.2%、阿联酋 6.4%、新加坡 4.3% 和马来西亚 3.8%。

　　斯里兰卡中央银行年报显示，2020 年其他中间品、燃料、纺织品是斯里兰卡的主要进口商品，分别占斯里兰卡进口总额的 16.2%、15.8% 和 14.5%。纺织服装、茶叶、橡胶及橡胶制品是斯里兰卡出口的前三大类商品，分别占斯里兰卡出口总额的 44.0%、12.4% 和 7.8%。

表 1-10　2020 年斯里兰卡前十大主要进出口商品比重

进口		出口	
商品名称	总占比（%）	商品名称	总占比（%）
其他中间品	16.2	纺织服装	44.0
燃料	15.8	茶叶	12.4

（续　表）

进口		出口	
商品名称	总占比（%）	商品名称	总占比（%）
纺织品	14.5	橡胶及橡胶制品	7.8
机械设备	13.6	食品饮料及烟草	4.6
建筑材料	6.5	石油产品	3.7
化学制品	5.2	椰子	3.4
医药制品	3.7	机械设备	3.4
服装配饰	3.7	香料	3.3
小麦和玉米	2.4	海鲜	1.9
运输设备	2.2	宝石和珠宝	1.8

资料来源：斯里兰卡中央银行 2020 年年报。

斯里兰卡政府实行保护和吸引外资的政策。根据斯里兰卡央行年报数据，2020 年斯里兰卡吸引外资总额为 4.34 亿美元，排名前六位的外资来源地分别为印度、意大利、新加坡、马来西亚、荷兰和英国（并列第五）。截至 2020 年底，斯里兰卡吸收外资存量为 138.32 亿美元。对斯里兰卡投资存量前五位的国家是中国、印度、荷兰、新加坡、马来西亚，金额分别为 21.88 亿美元、18.1 亿美元、15.56 亿美元，14.24 亿美元，10.95 亿美元。

6. 老挝的宏观经济概况

老挝是位于中南半岛北部的内陆东南亚国家，以农业为主，工业基础较为薄弱，北邻中国，南接柬埔寨，东接越南，西北达缅甸，西南毗连泰国。国土面积为 23.68 万平方公里，2020 年总人口 727 万人。2019 年 GDP 约 190 亿美元，人均 GDP 为 2765 美元。受新冠肺炎疫情影响，2020 年老挝国内生产总值增速下滑，约 197 亿美元，同比增长 3.28%，人均 2642 美元。

截至 2021 年底，老挝与 50 多个国家和地区有贸易往来，与 20 个国家签署了贸易协定，中国、日本、韩国、俄罗斯等 30 多个国家和地区向老挝提供优惠关税待遇。主要贸易伙伴为泰国、越南、中国、日本、欧盟、美国、加拿大和其他东盟国家。

2017 年，老挝前三大进口来源地为泰国 59.1%、中国 21.5% 和越南

9.8%，前三大出口目的地为泰国 42.6%、中国 28.7% 和越南 10.4%。主要进口工业品、加工制成品、建材、日用品及食品、家用电器等，出口商品以矿产品、电力、农产品、手工业产品为主。2018 年，老挝进出口贸易额达到 114.6 亿美元，同比增长 8.71%。其中，出口同比增长 8.65%，主要出口矿产品、电力、电子设备等；进口同比增长 8.8%，主要进口产品为工业生产机器和材料、燃料、汽车设备、食品等。2019 年老挝进出口贸易额 116 亿美元，其中，出口 58.6 亿美元，进口 57.4 亿美元。2020 年老挝进出口贸易额 93.84 亿美元，同比减少 19%，其中，出口 43.09 亿美元，进口 50.75 亿美元。

20 世纪 90 年代以来，老挝重视吸引外资。从 1989 年至 2019 年，投资项目总数为 6144 个，总投资额为 368 亿美元。实行开放政策之后，老挝政府自 20 世纪 80 年代中期开始鼓励私人投资，使得私人部门在推动经济增长和国家发展方面发挥了更大的作用。中国是老挝外国直接投资最多的国家，此后依次是泰国、越南、韩国、法国、美国、日本、马来西亚、澳大利亚等。2019 年，老挝全社会总投资额为 44347 万亿基普（约 51.57 亿美元），占 GDP 的 26.80%。其中，政府预算资金 4360 万亿基普（5.07 亿美元），发展援助（ODA）资金 7765 万亿基普（9.03 亿美元），国内和外国投资项目（FDI）资金 23086 万亿基普（约 26.84 亿美元），银行信用贷款资金 9788 万亿基普（约 11.4 亿美元）。全年完成政府投资项目额的 98%，政府投资项目继续减少，政府优先处理债务并积极推进重点在建项目。根据联合国贸发会议《2020 年世界投资报告》，2019 年老挝吸引外资 5.57 亿美元，截至 2019 年末，累计吸引外资 99.3 亿美元。

国际援助对老挝经济发展有着重要影响。主要援助国及国际组织有日本、瑞典、澳大利亚、法国、中国、美国、德国、挪威、泰国及亚洲开发银行、联合国开发计划署、国际货币基金组织、世界银行等。国际援助主要用于公路、桥梁、码头、水电站、通信、水利设施等基础建设项目。2016 年，老挝政府获得外国官方援助项目 351 个，金额为 6.88 亿美元，完成全年计划的 99%。2018 年，老挝政府获得外国官方援助金额达 10 亿美元。2019 年，老挝政府超计划完成发展援助资金（超计划 9%），无偿援助 2359 万亿基普（约 2.74 亿美元)，优惠贷款资金 5406 万亿基普(约 6.29 亿美元)。老挝与世界银行、亚洲开发银行的合作均已超过 50 年。2019 年，世界银行执董会批准为老挝—东南亚灾害风险管理项目和老挝公路项目二期增资 5000 万美元，其中一半资金将支持正在进行的老挝—东南亚灾害风险管理项目，另一半资金将用于支持正在进行的老挝公路项目二期。同年，亚洲开发银行为"就业培训教育项目"批复了 5000 万美元贷款，帮助老挝提高入学率和中等教育水平，并批复了三笔价值 1.4 亿美元的贷款用于帮助老挝发展农业、教育部门以及公共财政管理。

7. 蒙古国的宏观经济概况

蒙古国位于亚洲中部，东、南、西与中国接壤，北与俄罗斯相邻。国土面积 156.65 万平方公里。截至 2021 年 3 月，总人口约 330 万人。2020 年其 GDP 为 129 亿美元，GDP 增长率为 -5.3%。

蒙古国的国民经济对外依存度较高。主要产业有矿业、农牧业、交通运输业和服务业等。畜牧业是蒙古国的传统产业，是国民经济的基础，也是其加工业和生活必需品的主要原料来源。蒙古国地广人稀，冬季持续时间较长，畜牧业生产仍以自然放养为主，现阶段仍难以实现大规模、现代化生产，受自然气候影响较大。农业从业人口 6 万余人，产值约占农牧业总产值的四分之一。

蒙古国的主要农作物有小麦、大麦、土豆、白菜、萝卜、葱头、大蒜、油菜等。2020 年，蒙古国谷物总产量 43.3 万吨、土豆 24.4 万吨、蔬菜 12.1 万吨、饲料作物 18.2 万吨。

近年来，蒙古国实行经济开放政策，积极发展同西方发达国家和亚洲国家的经贸合作。2020 年，蒙古国外贸总额 129 亿美元:其中，进口额 53 亿美元，出口额 76 亿美元。出口主要为矿产品、纺织品和畜产品等。其中，煤炭出口在出口额中占有很大比重。采矿业是蒙古国经济发展的重要支柱产业。2020 年，采矿业产值 11.6 万亿图格里克，同比下降 8.4%，占工业总值的 71.6%。蒙古国矿产品出口占出口总额比重超过 70%，并有逐年增加的趋势。主要贸易伙伴为中国、俄罗斯、欧盟、加拿大、美国、日本和韩国等。

二、中国与《亚太贸易协定》相关缔约方货物贸易发展状况

（一）中国与《亚太贸易协定》相关缔约方货物贸易规模

1. 中国和韩国的货物贸易规模

联合国商品贸易统计数据库资料显示，自 1992 年中韩建交后进入直接贸易阶段，两国贸易额整体呈上升趋势。1992 年，两国贸易额仅为 50.2 亿美元，2018 年达到了有史以来的最高峰——3136 亿美元，增长 61 倍之多。2019 年，中韩双边货物贸易总额为 2852.6 亿美元。2020 年全球蔓延的新冠肺炎疫情也并未对中韩双边货物贸易造成较大影响，双边货物贸易额同 2019 年基本持平。

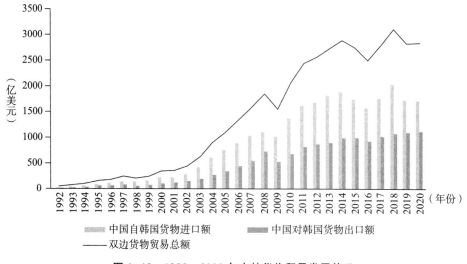

图 1-10　1992—2020 年中韩货物贸易发展状况

资料来源：根据 UN Comtrade Database 资料整理。

从商品进出口分类来看，中国对韩国的进口产品和出口产品相似性非常高。2019 年中国从韩国进口的前五大类商品为机电产品、化工产品、塑料及橡胶、光学和钟表及医疗设备、矿产品，分别占自韩国进口总额的 52.0%、14.7%、8.0%、7.2% 和 6.3%（见表 1-11）。同期，中国对韩国出口的前五大类商品为机电产品、贱金属及制品、化工产品、纺织品及原材料、家具和玩具及杂项制品，分别占对韩国出口总额的 50.2%、11.4%、9.6%、5.6% 和

3.8%（见表1-12）。这种相似性的主要原因在于，随着中国产业技术升级，韩国相对中国在技术、管理和资金方面的优势逐渐消退。20世纪90年代，韩国的产业结构领先于中国，当时中韩两国经贸主要按上下游分工进行产业间贸易①，中国向韩国出口大量初级产品，进口大量精炼油、化工产品和机电产品，韩国将一些劳动密集型企业如服装制造转移到中国。2006年后，中韩两国经贸开始以产业内贸易为主。② 随着中国生产技术水平的日益提高，贸易规模扩大的同时，中韩两国产业结构日趋相同，这种产业内贸易也逐渐由垂直性向水平性转变③，中韩两国间出口的产品结构也趋向相近，均以制造业为主且比重越来越大。

表1-11　中国自韩国进口主要商品构成

海关分类	商品类别	2012年（亿美元）	占比（%）	2017年（亿美元）	占比（%）	2018年（亿美元）	占比（%）	2019年（亿美元）	占比（%）
第16类	机电产品	522.2	38.9	738.4	52.0	880.32	54.3	707.8	52.0
第18类	光学、钟表、医疗设备	238.1	17.7	145.4	10.2	136.18	8.4	98.64	7.2
第6类	化工产品	166.0	12.4	193.4	13.6	223.11	13.8	199.67	14.7
第7类	塑料、橡胶	108.8	8.1	106.3	7.5	115.67	7.1	109.26	8.0
第15类	贱金属及制品	83.1	6.2	77.5	5.5	84.60	5.2	79.43	5.8
第5类	矿产品	107.9	8.0	72.5	5.1	101.30	6.2	86.36	6.3
第17类	运输设备	57.1	4.3	32.8	2.3	25.53	1.6	27.42	2.0
第11类	纺织品及原料	27.0	2.0	18.5	1.3	18.26	1.1	15.84	1.2
第10类	纤维素浆、纸张	4.1	0.3	4.0	0.3	4.59	0.3	3.86	0.3
第20类	家具、玩具、杂项制品	7.3	0.5	5.3	0.4	4.81	0.3	4.61	0.3
第8类	皮革制品；箱包	3.5	0.3	1.9	0.1	NA	NA	NA	NA

---

①　产业间贸易是产业间国际贸易的简称，是指一个国家或地区，在一段时间内，同一产业部门产品只出口或只进口的现象。产业间贸易中，同一产业产品基本上是单向流动的。

②　产业内贸易指贸易双方交换同一产业的产品，如一国向他国进口工业品同时出口工业品；而产业间贸易指不同产业间产品的贸易，如一国生产的工业品和他国生产的农产品进行交易。

③　垂直性产业内贸易指双方交易同产业产品但质量、价格不同，如一国向他国出口高级轿车同时进口低档轿车；水平性产业内贸易指产品质量、价格相似但特征或属性不同，如一国向他国出口并进口同档次轿车。

（续　表）

海关分类	商品类别	2012年（亿美元）	占比（%）	2017年（亿美元）	占比（%）	2018年（亿美元）	占比（%）	2019年（亿美元）	占比（%）
第4类	食品、饮料、烟草	6.2	0.5	7.9	0.6	8.90	0.5	9.46	0.7
第12类	活体动物、动物产品	3.4	0.3	1.4	0.1	1.61	0.1	1.49	0.1
第13类	陶瓷、玻璃	3.3	0.3	7.9	0.6	8.54	0.5	8.84	0.7
第14类	贵金属及制品	2.3	0.2	—	—	2.01	0.1	2.48	0.2
第1类	鞋靴、伞等轻工产品	NA	NA	2.5	0.2	2.75	0.2	3.7	0.3
—	其他	3.1	0.2	5.6	0.4	3.1	0.2	3.2	0.2
	总值	1343.3	100	1421.2	100	1621.25	100	1362.03	100

资料来源：根据商务部国别贸易报告整理，https://countryreport.mofcom.gov.cn.

表1-12　中国对韩国出口主要商品构成

海关分类	商品类别	2012年（亿美元）	占比（%）	2017年（亿美元）	占比（%）	2018年（亿美元）	占比（%）	2019年（亿美元）	占比（%）
第16类	机电产品	335.6	41.5	457.0	46.7	504.3	47.4	538.5	50.2
第15类	贱金属及制品	133.9	16.6	129.6	13.2	121.7	11.4	122.4	11.4
第6类	化工产品	61.4	7.6	88.6	9.1	114.6	10.8	103.2	9.6
第11类	纺织品及原料	54.8	6.8	57.0	5.8	60.9	5.7	60.2	5.6
第18类	光学、钟表、医疗设备	41.8	5.2	44.5	4.5	45.6	4.3	29.9	2.8
第17类	运输设备	25.6	3.2	22.0	2.3	21.3	2.0	22.9	2.1
第13类	陶瓷、玻璃	25.1	3.1	27.9	2.9	29.3	2.8	27.1	2.5
第20类	家具、玩具、杂项制品	21.8	2.7	35.8	3.7	38.9	3.7	40.5	3.8
第7类	塑料、橡胶	21.2	2.6	30.6	3.1	34.4	3.2	35.2	3.3
第5类	矿产品	18.3	2.3	10.6	1.1	11.8	1.1	10.8	1.0
第12类	鞋靴、伞等轻工产品	12.8	1.6	13.2	1.4	14.6	1.4	14	1.3
第4类	食品、饮料、烟草	12.1	1.5	13.9	1.4	15.3	1.4	15.9	1.5
第2类	植物产品	11.5	1.4	11.6	1.2	12	1.1	12.1	1.1
第1类	活动物；动物产品	10.3	1.3	10.8	1.1	13.1	1.2	12.3	1.1

（续　表）

海关分类	商品类别	2012 年（亿美元）	占比（%）	2017 年（亿美元）	占比（%）	2018 年（亿美元）	占比（%）	2019 年（亿美元）	占比（%）
第 8 类	皮革制品；箱包	9.1	1.1	10.0	1	10.6	1.0	10.5	1
—	其他	12.6	1.6	15.8	1.6	16.3	1.5	17.7	1.6
	总值	807.8	100	978.6	100	1064.9	100	1072.3	100

资料来源：根据商务部国别贸易报告整理，https://countryreport.mofcom.gov.cn.

2. 中国和孟加拉国的货物贸易规模

在中孟两国货物贸易中，中国对孟加拉国的货物出口比重较大。根据中国海关数据，2004—2019 年，中孟双边货物贸易态势良好、增长稳定，年均增长率达到 16.07%。其中，2006 年中国超过印度成为孟加拉国最大的贸易伙伴。2013 年度，中国超越美国和加拿大，成为孟加拉国的第一大商品进口来源国。2019 年，中孟两国进出口总额 183.63 亿美元，其中，中国对孟加拉国出口 173.27 亿美元，自孟加拉国进口 10.36 亿美元。2020 年，中孟两国进出口总额 159 亿美元，其中，中国对孟加拉国出口 151 亿美元，自孟加拉国进口 8 亿美元（见图 1-11）。

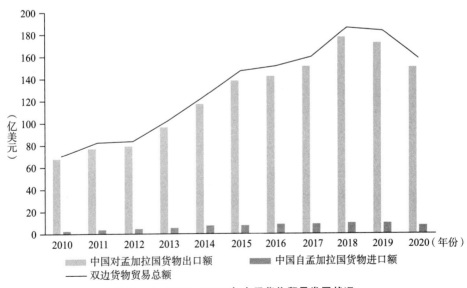

图 1-11　2010—2020 年中孟货物贸易发展状况

资料来源：根据中国海关数据整理。

3. 中国和印度的货物贸易规模

中国是印度最主要的贸易伙伴之一，2018 年占印度货物贸易总额的比例为 10.76%，是印度第三大出口目的地（出口额 165.1 亿美元）、第一大进口来源地（进口额 738.7 亿美元）和第一大逆差来源国（逆差额 572.2 亿美元）。

2014—2016 年，中印双边货物贸易变动不大，2017 年后增长迅速。根据中国海关统计，2020 年中印货物贸易总额 876.97 亿美元。其中，中国自印度进口 209.77 亿美元，对印度出口 667.2 亿美元，中国对印度的货物贸易顺差为 457.43 亿美元（见图 1-12）。

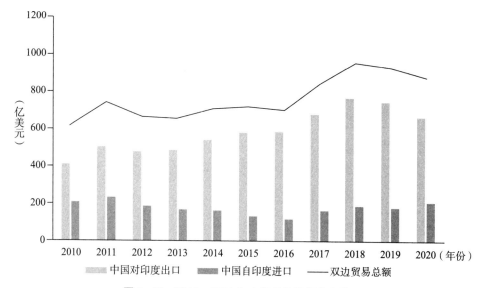

图 1-12　2010—2020 年中印货物贸易发展状况

资料来源：根据《中国统计年鉴 2021》整理。

4. 中国和老挝的货物贸易规模

进入 21 世纪，中老两国关系在"长期稳定、睦邻友好、彼此信赖、全面合作"的方针指导下，一直保持着健康稳定的发展态势。2018 年，中老双边贸易额为 34.72 亿美元，同比增长 14.81%；其中，中国对老挝出口 14.5 亿美元，同比增长 2.18%；自老挝进口 20.18 亿美元，同比增长 25.81%。2019 年，中老双边贸易额达到顶峰，为 39.19 亿美元；其中，中国对老挝出口 17.62 亿美元，同比增长 21.52%；自老挝进口 21.57 亿美元，同比增长 6.89%。2020 年

虽稍有下降，但仍处于较高水平，双边贸易额 35.8 亿美元，中国对老挝出口
14.91 亿美元，自老挝进口 20.88 亿美元(见图 1-13)。

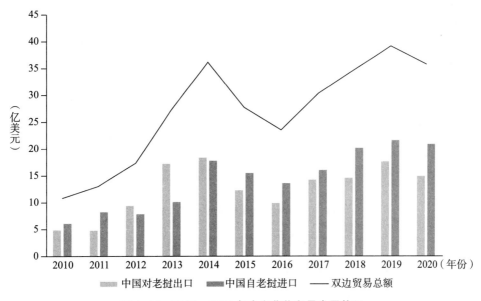

图 1-13　2010—2020 年中老货物贸易发展状况

资料来源：根据中国海关数据整理。

5. 中国和斯里兰卡的货物贸易规模

1953—1982 年，中国与斯里兰卡为记账贸易。1983 年，两国贸易开始以
现汇方式结算。中斯两国货物贸易相对稳定，双边货物贸易总额和进出口额变
化不大。

2019 年，中斯双边贸易总额为 44.88 亿美元。其中，中国对斯里兰卡出口
40.91 亿美元，同比下降 1.94%，为斯里兰卡第一大进口来源国，占斯里兰
卡进口总额的 20.2%；中国自斯里兰卡进口 3.97 亿美元，同比上升
23.29%，是斯里兰卡第 11 大出口目的地，占其出口总额的 2%。2020 年，
中斯双边贸易总额为 41.60 亿美元。其中，中国对斯里兰卡出口 38.42 亿美
元，同比下降 7.31%；中国自斯里兰卡进口 3.18 亿美元，同比下降 19.9%
(见图 1-14)。

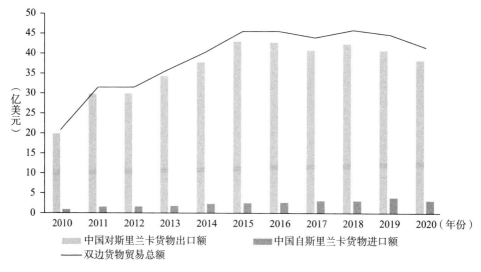

图 1-14 2010—2020 年中斯双边贸易发展状况

资料来源：根据中国海关数据整理。

6. 中国和蒙古国的货物贸易规模

中蒙双边货物贸易发展迅速，2015—2019 年，年均增长率达到 11.11%。2019 年，中国继续保持蒙古国最大贸易伙伴国、最大出口市场和最大进口市场地位。据统计，2019 年中国与蒙古国贸易总额为 81.61 亿美元，较上年增长 2.15%；其中，中国自蒙古国进口 63.34 亿美元，同比下降 0.16%；对蒙古国出口 18.27 亿美元，同比增长 11.06%；中国对蒙古国贸易逆差 45.07 亿美元。2020 年，中国和蒙古国贸易总额为 67.43 亿美元，较上年下降 17.38%；其中，中国自蒙古国进口额为 51.25 亿美元，同比下降 19.09%；对蒙古国出口额为 16.18 亿美元，同比下降 11.44%；中国对蒙古国贸易逆差为 35.07 亿美元(见图 1-15)。

(二)中国与《亚太贸易协定》相关缔约方货物贸易结构

1. 中国和韩国的货物贸易结构

随着中国经济的高速发展及产业结构的不断优化，中韩两国货物贸易结构中制造业所占的比重越来越大。2019 年中国从韩国进口的前五大类商品为机电产品、化工产品、塑料及橡胶、光学和钟表及医疗设备、矿产品。同期，韩国

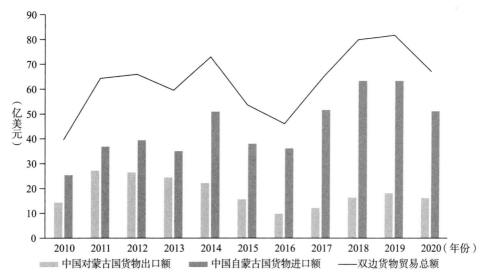

图 1-15　2010—2020 年中蒙双边贸易发展状况

资料来源：根据中国海关数据整理。

从中国进口的前五大类商品为机电产品、贱金属及制品、化工产品、纺织品及原材料、家具和玩具及杂项制品。

2. 中国和孟加拉国的货物贸易结构

中国对孟加拉国出口的商品类别主要包括：棉花、锅炉和机械器具及零件、电机和电气、音像设备及其零附件、化学纤维短纤、矿物燃料和矿物油及其产品、沥青、针织物及钩编织物、化学纤维长丝、机动车、塑料及其制品、钢铁制品。

中国自孟加拉国进口商品的类别主要包括：非针织或非钩编的服装及衣着附件、针织或钩编的服装及衣着附件、其他植物纤维、纸纱线及其机织物、鱼及其他水生无脊椎动物、其他纺织制品、成套物品、旧纺织品、生皮（毛皮除外）及皮革、塑料及其制品、光学与照相及医疗等设备及其零附件；鞋靴和护腿及类似品及其零件、油籽、工业或药用植物、饲料。

3. 中国和印度的货物贸易结构

据印度商业信息署与印度商务部统计，2019 年，印度对华出口的前五类产品为有机化学品、矿产品、化工产品、鱼及其他水生无脊椎动物、棉花；

印度自中国进口的商品主要为机电产品、核反应堆、化工产品和塑料及其制品等。

4. 中国和老挝货物贸易结构

据中国商务部统计，2019 年，中国自老挝主要进口铜、木材、农产品等，向老挝出口汽车、摩托车、纺织品、钢材、电线电缆、通信设备、电器电子产品等。

5. 中国和斯里兰卡的货物贸易结构

总体来看，斯里兰卡对中国出口产品不多，波动性较大。据斯里兰卡海关统计，纺织品及原料一直是斯里兰卡对中国出口的主力产品。2019 年 1—6 月，斯里兰卡纺织品出口额为 4735 万美元，增长 28.2%，占斯里兰卡对中国出口总额的 40.2%。植物产品是斯里兰卡对中国出口的第二大类商品，出口额 2608 万美元，增长 2.0%，占斯里兰卡对中国出口总额的 22.1%。化工产品是斯里兰卡对中国出口的第三大类商品，出口额 1015 万美元，增长 20.5%，占斯里兰卡对中国出口总额的 8.6%。

斯里兰卡自中国进口的主要产品为机电产品、纺织品及原料、贱金属及制品，2019 年 1—6 月合计进口 13.8 亿美元，占斯里兰卡自中国进口总额的 73.5%。除纺织品及原料增长 3.0% 外，机电产品和贱金属及制品分别下降 8.0% 和 6.0%，化工产品降幅达 15.3%。

6. 中国和蒙古国的货物贸易结构

2019 年，中蒙双边贸易额 89 亿美元，其中，中国对蒙古国出口额为 20.6 亿美元，进口额为 68.4 亿美元。蒙古国对中国出口产品主要包括矿产品、动物毛皮原料及其制成品等，自中国进口产品主要包括汽柴油、食品、机械设备产品等。

三、中国与《亚太贸易协定》相关缔约方直接投资发展状况

2020 年，中国利用外资逆势增长与后面重复。在利用外资方面，全国实际利用外资总额 9999.8 亿元人民币，增长 6.2%，新设外资企业 3.9 万家，成为全球最大外资流入国，实现引资总量、增长幅度、全球占比"三提升"。其中，

高技术产业利用外资同比增长 11.4%。从区域来看，东部地区实际利用外资总额增长 8.9%，占比达到 88.4%。自贸试验区实际利用外资总额 1790 亿元人民币，新设外资企业 6472 家。

(一) 中国与《亚太贸易协定》相关缔约方直接投资规模

1. 中国和韩国双边直接投资规模

自 1988 年以来，韩国对华投资呈现波动上升趋势。2003 年，中国成为韩国第一大海外投资地。除 2017 年外，韩国在华实际投资额逐年稳定增长，2019 年达到 55.38 亿美元。截至 2020 年，韩国在中国共设立外商投资企业总计 69389 家，累计实际投入外资金额 861.9 亿美元(见图 1-16)。

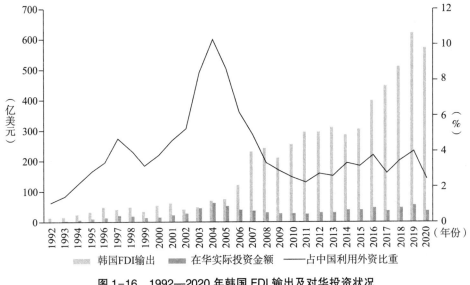

图 1-16　1992—2020 年韩国 FDI 输出及对华投资状况

资料来源：根据商务部历年中国外商投资报告、韩国进出口银行资料整理。

根据韩国进出口银行的数据，1988—2020 年，韩国对华直接投资总额 720.7 亿美元，占同期韩国对外直接投资总额的 13.27%。

随着中国企业走出去步伐加快，中国对韩投资也有所扩大，总体呈现波动增加态势。1992 年，中国对韩国投资仅约 110 万美元，2017 年为 6.6 亿美元，2018 年增加至 10.3 亿美元，2019 年为 5.6 亿美元，2020 年下降为 1.93 亿美元(见图 1-17)。

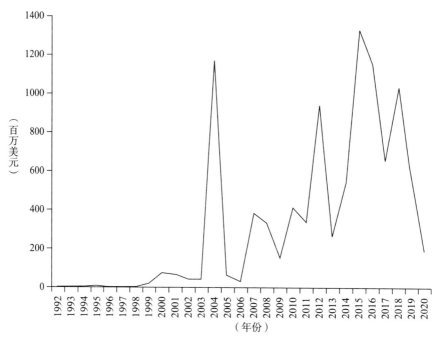

图 1-17　1992—2020 年中国对韩国直接投资状况

资料来源：商务部《中国对外直接投资统计公报》。

2. 中国对孟加拉国直接投资规模

自 20 世纪 90 年代开始，中国对孟加拉国投资迅速增长。从 2003 年起，中国成为在孟加拉国投资最多的国家，2003 年直接投资流量为 141 万美元。2004 年和 2005 年下滑较为严重，分别为 76 万美元和 18 万美元。2005 年以来，中国对孟加拉国直接投资增幅较大，2006 年直接投资流量为 531 万美元。至 2012 年，突破 3000 万美元大关，达 3303 万美元。2013 年，中国对孟加拉国直接投资流量达到 4137 万美元，接近 2003 年的 30 倍。2019 年，中国对孟加拉国直接投资流量 3.75 亿美元。截至 2019 年底，中国对孟加拉国直接投资存量为 12.48 亿美元，是孟加拉国排名第三的投资来源国，仅次于美国和英国。据商务部统计，2020 年中国对孟加拉国直接投资流量 3.2 亿美元。截至 2020 年底，中国对孟加拉国直接投资存量 20.1 亿美元。

3. 中国对印度的直接投资规模

印度自 1991 年实行经济改革以来，政府逐步放宽对外商直接投资领域的限制，使印度经济近年来利用外资实现了快速增长。印度政治相对稳定，市场潜力巨大；地理位置优越，辐射中东、东非、南亚、东南亚市场，具有吸引外资的优势。据商务部统计，2018 年中国对印度直接投资流量 2.06 亿美元。截至 2018 年末，中国对印度直接投资存量 46.63 亿美元。

4. 中国对老挝的直接投资规模

中国企业于 20 世纪 90 年代开始赴老挝投资办厂。根据老挝计划与投资部的年度报告，2016 年中国超越了越南，成为老挝最大的外国直接投资来源国。2018 年，中国对老挝直接投资流量 12.42 亿美元。2020 年，中国对老挝直接投资流量 14.5 亿美元，截至 2020 年末，中国对老挝直接投资存量 102 亿美元。

5. 中国对斯里兰卡的直接投资规模

2009 年斯里兰卡内战结束后，斯里兰卡政府制定自由市场政策，不断加强基础设施建设，积极营造有利于投资和经济增长的政策环境。2019 年，斯里兰卡吸引外资总额 7.6 亿美元，中国对斯里兰卡直接投资流量 0.9 亿美元；2020 年，中国对斯直接投资流量 1.0 亿美元。截至 2020 年末，中国对斯投资存量 5.23 亿美元。

6. 中国对蒙古国的直接投资规模

中国是蒙古国主要的投资来源地，中国投资占蒙古国吸收外国直接投资总额的近三成。据商务部统计，2020 年中国对蒙古国直接投资流量 7000 万美元；截至 2020 年末，中国对蒙古国直接投资存量 51.6 亿美元。

(二)中国与《亚太贸易协定》相关缔约方直接投资产业分布

1. 中国与韩国双边直接投资产业分布

20 世纪 90 年代后期，中国对韩国的投资主要集中在贸易、服务类企业。21 世纪以来，中国企业对韩国的直接投资进入多元化阶段。

2014 年 11 月《中国—韩国自由贸易协定》谈判达成一致，2015 年 6 月该协定正式签署。与 2014 年相比，2021 年中国对韩投资行业结构变化明显，服务业、制造业"各占半壁江山"的格局不再，投资大幅度向服务业倾斜，对制造业的投资明显收缩，对电、气、水、环境净化、建筑业投资略有上升(见图1-18、图1-19)。

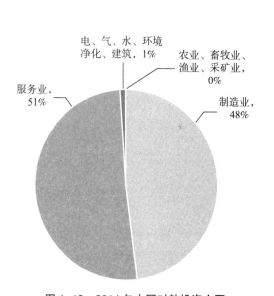

图1-18　2014年中国对韩投资主要
行业占比

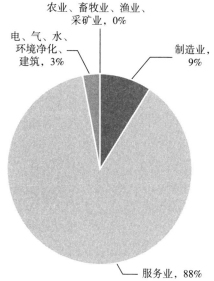

图1-19　2021年中国对韩投资主要
行业占比

资料来源：根据韩国产业通商资源部资料整理。

以企业数量计，韩国对中国的投资主要集中于制造业。2019年，制造业企业占韩国对华新设企业总数的79%，租赁和商务服务业企业占比为10%，科学研究和技术服务业、金融业以及批发和零售业企业占比均为3%(见图1-20、图1-21)。

2. 中国对孟加拉国直接投资产业分布

21世纪以来，中国在孟加拉国承包工程项目呈稳步上升的趋势。其中，2000年中国在孟加拉国承包工程项目营业额为2.20亿美元，2010年为3.55亿美元，2011年上升到20.68亿美元，较2000年增加了840%。2014年，中国对孟加拉国的非金融类投资继续保持快速增长，涨幅接近50%。工程承包实现井喷式增长，合同额首次超越印度，位列南亚地区第一。相关工程承包多集中

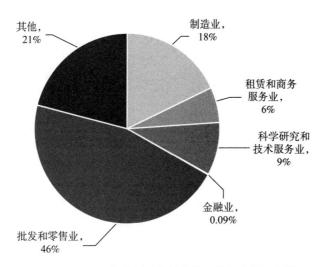

图 1-20 2019 年韩国对华投资前 5 位行业实际金额

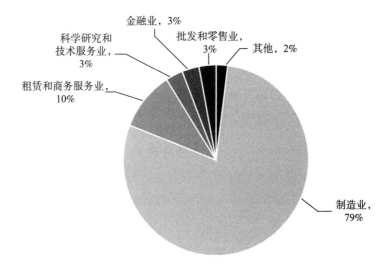

图 1-21 2019 年韩国对华投资前 5 位行业企业数

资料来源：根据韩国产业通商资源部资料整理。

在电力、河道疏浚、水厂等基础设施领域。据商务部统计，2019 年中资企业在孟加拉国新签合同 284 份，新签承包工程合同额 134.84 亿美元，完成营业额 53.03 亿美元；2019 年累计派出各类劳务人员 7853 人，在孟加拉国的中国劳务人员 15835 人。

3. 中国对印度直接投资产业分布

中国对印度投资主要领域包括电子商务、手机、电信设备、家用电器、电力设备、钢铁、工程机械等。目前，中国阿里巴巴、腾讯、小米、VIVO、OPPO、复星医药、上海汽车、海尔、华为、特变电工、青山钢铁、三一重工等企业在印度投资规模较大。总体而言，中国对印度投资总量仍较小，缺乏集约式投资，投资领域也较为单一，与两国的经济规模和经贸合作水平不相称，提升空间较大。

据中国商务部统计，2018 年，中国企业在印度承包工程新签合同额 28.9 亿美元，同比增长 12.2%；完成营业额 23.2 亿美元，同比减少 6.1%；派出各类劳务人员 1129 人，年末在印度劳务人员 1732 人。新签大型工程承包项目包括了华为承建印度电信项目、中钢设备承建 JSW300 万吨焦炉与化产项目、中铁三局承建孟买地铁 6 号线 03 标段项目、龙建路桥承建印度德里地铁轨道 Majlis 公园-Maujpur 走廊第二标段项目等。

4. 中国对老挝直接投资产业分布

中国企业对老挝投资领域涉及水电、矿产开发、服务贸易、建材、种植养殖、药品生产等。同时，中国采取无偿援助、无息贷款或优惠贷款等方式对老挝提供援助，涉及物资、成套项目援助、人才培训及技术支持等领域。主要项目有玛霍索综合医院、地面卫星电视接收站、南果河水电站及输变电工程、老挝国家文化宫、琅勃拉邦医院及扩建工程、乌多姆赛戒毒中心、老挝地震台、昆曼公路老挝境内 1/3 路段、万象凯旋门公园、老挝国家电视台三台、老北农业示范园、国家会议中心、万象瓦岱国际机场改扩建等。

5. 中国对斯里兰卡直接投资产业分布

中国企业对斯里兰卡投资基础设施项目较多，主要项目包括招商局投资的汉班托塔港、科伦坡港南集装箱码头、中交建设投资的科伦坡港口城、中航国际（香港）投资的科伦坡三区公寓等项目。2019 年，中国企业在斯里兰卡新签承包工程合同 78 份，新签合同额 27.86 亿美元，完成营业额 22.25 亿美元；2019 年累计派出各类劳务人员 2539 人，年末在斯里兰卡劳务人员 4838 人。

中国民营企业赴斯里兰卡投资发展迅速，涉及通信、酒店、旅游、农产品加工、渔业、家具制造、纺织、饲料、生物质发电、自行车、仓储物流等多个领域。

6. 中国对蒙古国直接投资产业分布

中国对蒙古国的投资主要分布在矿产、能源、建筑、金融、畜产品加工、餐饮服务等行业。2019 年，中国企业在蒙古国新签承包工程合同 90 份，新签合同额 40.56 亿美元，完成营业额 6.7 亿美元。2019 年，累计派出各类劳务人员 2477 人，年末在蒙古国的中国劳务人员 3180 人。新签大型承包工程项目包括葛洲坝集团承建蒙古国额尔登特至敖包特铁路项目、哈尔滨电气国际工程有限责任公司承建塔旺陶勒盖燃煤火电项目、中铁二十局承建蒙古国乌兰巴托市巴音珠日和区棚户区改造项目等等。据商务部统计，2020 年中国对蒙古国直接投资流量 7000 万美元；截至 2020 年末，中国对蒙古国直接投资存量 51.6 亿美元。

第二节　《亚太贸易协定》谈判及建设进程

一、《亚太贸易协定》的谈判背景及战略意义

《亚太贸易协定》的前身是《曼谷协定》，是亚太地区发展中国家之间为加强贸易合作，实现相互优惠关税安排的区域性贸易协定。其产生的背景可以追溯到 20 世纪 60 年代。在"联合国亚洲和远东经济委员会"（简称"亚远经委会"）的主持下，1963 年召开了首届亚洲经济合作部长理事会，提出亚洲各国加强地区经济合作的建议。1971 年在政府间贸易发展规划委员会上，成立了贸易谈判小组，专门研究本地区贸易自由化问题。

1974 年亚远经委会第 30 届会议通过决议，将"亚远经委会"改名为"联合国亚洲及太平洋经济社会委员会"（简称"亚太经社"），亚太经社是联合国经社理事会下属的 5 个政府间区域经济委员会之一。在 1974 年召开的亚太经社

会贸易谈判小组第四次至第六次会议上，与会各国提交了各自关税减让的要价，并在小组会议上进行了审议。1975 年 7 月，孟加拉国、印度、老挝、韩国、斯里兰卡、菲律宾和泰国在曼谷通过了相互关税减让的产品清单，并签署了《联合国亚太经济和社会委员会发展中成员关于贸易谈判的第一协定》。该协定在曼谷签署，因而又被称为《曼谷协定》。之后，菲律宾和泰国政府没有批准《曼谷协定》议定书，因此，《曼谷协定》的初始国只有孟加拉国、印度、老挝、韩国和斯里兰卡 5 个国家。

《曼谷协定》的核心内容和目标是"通过相互提供优惠关税和非关税减让来扩大相互之间的贸易交往，促进各缔约方经济发展和共同繁荣"。协定是在发展中国家之间达成的一项优惠贸易安排，也是亚太地区唯一连接东亚、东南亚和南亚的区域贸易安排，对促进缔约方之间的经济合作起到了重要作用，对促进亚太地区和全球贸易投资流动具有积极影响。

二、《亚太贸易协定》的谈判历程

《曼谷协定》于 2005 年 11 月更名为《亚太贸易协定》，自 2006 年 9 月正式实施。协定各缔约方间的经济发展和资源禀赋存在差异，在贸易上可以实现互补。其宗旨是通过缔约方对进口商品相互给予关税和非关税优惠，实现贸易便利化及贸易扩大，不断促进缔约方之间的经济贸易合作与共同发展。《亚太贸易协定》经过多轮谈判，逐步实现了减让缔约方间的关税（见表 1-13）。

表 1-13　《亚太贸易协定》的关税减让过程

日期	事件	内容
1972—1975	第一轮谈判	产品达成降税协议，并签署《曼谷协定》，缔约方相互给予关税优惠，给予老挝以特殊优惠待遇。
1984—1990	第二轮谈判	扩大减让产品范围，增加优惠幅度，给予孟加拉国以特殊优惠。在原产地规则方面，缔约方一致同意对所有《曼谷协定》缔约方适用 50% 的增值标准，对最不发达国家成员适用 40% 的增值标准。

（续　表）

日期	事件	内容
2001—2005	第三轮谈判	缔约方对 2579 个税号的产品相互给予关税优惠，给予孟加拉国和老挝以特殊优惠待遇，并制订统一原产地规则，签署了《曼谷协定》的修改文本，正式更名为《亚太贸易协定》，自 2006 年 9 月 1 日起正式实施。
2007.10.26	《亚太贸易协定》第二届部长级理事会在印度果阿举行	通过了《部长宣言》及《原产地证书签发与核查程序》，并宣布启动第四轮关税减让谈判。
2008.9.9—9.10	《亚太贸易协定》第 30 次常委会	缔约方就《协定》第四轮关税减让进行了第二次双边磋商，同时讨论了原产地补充标准及服务贸易、投资、贸易便利化框架协议等议题。
2009.9.23—9.25	《亚太贸易协定》第 33 次常委会	第四轮关税减让谈判取得实质性进展，并就服务贸易、投资和贸易便利化三个框架协定基本达成一致，就非关税措施及原产地规则等有关问题进行了深入磋商。
2017.1.13	《亚太贸易协定》第四届部长级理事会	签署了第四轮关税减让谈判成果文件《亚太贸易协定第二修正案》，并同意力争于 2017 年 7 月 1 日正式实施。发布了《部长宣言》，宣布启动《协定》项下贸易便利化、投资和服务贸易领域实质性谈判。
2017.9.28—9.29	《亚太贸易协定》第 51 次常委会	缔约方就系列问题进行了深入磋商，其中包括第四轮关税减让谈判成果正式生效时间，开展贸易便利化、投资、服务贸易三个领域实质性谈判，启动第五轮关税减让谈判及向世贸组织通报第四轮关税减让成果，修改海关原产地证书格式及操作程序。
2018.3.7—3.9	《亚太贸易协定》第 52 次常委会和服务贸易、投资、贸易便利化、原产地等相关工作组会议	讨论落实《协定》第四届部长级理事会发布的《部长宣言》等相关内容，原则同意于 2018 年 7 月 1 日实施第四轮关税减让谈判成果文件——《亚太贸易协定第二修正案》，还就启动《协定》第五轮关税减让谈判以及推进服务贸易、投资、贸易便利化和原产地等谈判进行了深入磋商。
2018.9.12—9.14	《亚太贸易协定》第 53 次常委会和相关工作组会议	就实施情况和第五轮关税减让谈判模式进行了讨论，实质性开展服务贸易、投资、贸易便利化等议题磋商，并就《协定》第五届部长级理事会和蒙古国加入《协定》等问题进行了深入探讨。

(续　表)

日期	事件	内容
2020.10.23	蒙古国加入《亚太贸易协定》	蒙古国拟于 2021 年 1 月 1 日与有关成员相互实施关税减让安排。同时，蒙古国可享受中国等其他成员现有关税减让安排。
2021.1.1	中国与蒙古国相互实施在《亚太贸易协定》项下的关税减让安排	蒙古国对 366 个税目削减关税，平均降税幅度 24.2%。同时，中国在《亚太贸易协定》项下的关税减让安排适用于蒙古国。

资料来源：根据中国自由贸易区服务网相关资料整理。

三、中国加入《亚太贸易协定》的谈判历程及意义

1993 年，中国海关总署派代表团对《曼谷协定》的部分缔约方进行了考察，代表团提出为发挥中国在地区事务中的作用，应该发展与周边国家的经贸关系，形成互补。经国务院批准，中国于 1994 年 4 月在联合国亚太经社会第十五届年会上，正式宣布加入《曼谷协定》。1995 年 8 月，由原外经贸部牵头，外交部、海关总署和国务院关税税则委员会办公室参加的加入《曼合协定》谈判协调机制正式建立。

从 1997 年开始，中国谈判代表团分别与各国进行了数轮双边谈判。1997 年 7 月、1999 年 6 月和 2000 年 3 月，中国分别与斯里兰卡、孟加拉国和韩国达成协议并签署了谅解备忘录。虽然当时中国未与印度签署双边协议，但是印度表示积极支持中国加入《曼谷协定》，同时中国加入《曼谷协定》已获得所需的 2/3 多数票支持。2001 年 5 月 23 日，中国正式成为《曼谷协定》成员，并于 2002 年 1 日起正式实施。

2003 年 2 月 21 日至 22 日，中印代表团在北京就相互适用《曼谷协定》问题进行讨论协商，一致决定将于 2003 年内尽快相互适用《曼谷协定》。这标志着中印将相互提供比最惠国税率更为优惠的关税待遇，为实现贸易自由化、促进双边贸易进一步减少了贸易障碍。

《曼合协定》(《亚太贸易协定》)作为中国签订最早的具有实质性优惠安排的区域性贸易协议，是第一次通过谈判从其他国家获得了特别关税优惠。加入

《曼合协定》(《亚太贸易协定》)对增进中国与东亚和南亚地区国家的合作具有重要影响。1994 年中国与《曼谷协定》相关缔约方之间的贸易额为 133 亿美元，2003 年已发展为 728.6 亿美元。中国与《亚太贸易协定》相关缔约方的贸易额增长迅速，表明中国与相关缔约方经济上的相互依存关系在不断加深，通过利用与其他缔约方经济上的互补性进行广泛合作，全面提升各缔约方在各领域的合作水平，有利于进一步促进相互之间的经贸往来和发展。

四、《亚太贸易协定》主要框架

《亚太贸易协定》正文有八章 40 个条款，包括总则、贸易自由化规划、贸易扩大、紧急措施和磋商、常务委员会和本协定的管理、审议和修改、加入和退出、其他条款和最后条款以及两个附件(国别减让表和《亚太贸易协定》原产地规则)(见表 1-14)。

表 1-14　《亚太贸易协定》的主要章节

序号	标题
第一章	总则
第二章	贸易自由化规划
第三章	贸易扩大
第四章	紧急措施和磋商
第五章	常务委员会和本协定的管理
第六章	审议和修改
第七章	加入和退出
第八章	其他条款和最后条款
附件一	国别减让表
附件二	《亚太贸易协定》原产地规则

《亚太贸易协定》奉行"开放的地区主义"。伴随《亚太贸易协定》谈判的持续，协定缔约方的增加，关税和非关税优惠幅度的提升，产品范围的扩大，缔约方经贸关系不断深化拓展。

第二章

《亚太贸易协定》中的货物贸易

在货物贸易方面，《亚太贸易协定》通过关税减让推动实现缔约方间的贸易自由化，并对与货物贸易相关的承诺作出规定。自 2006 年第三轮关税减让成果实施以来，受惠商品范围大幅扩展，对扩大中国同周边国家的贸易往来起到了极大的促进作用。《亚太贸易协定第二修正案》体现了第四轮谈判成果，主要包括各缔约方的关税减让承诺和对原产地规则的优化等内容，为中国及其他相关缔约方提供了更大的关税优惠空间，有利于推动亚洲区域经济一体化和"一带一路"建设进程。

通过阅读本章企业可以了解以下事项：

1. 《亚太贸易协定》的总体关税优惠水平及其可能给企业带来的优惠幅度；

2. 如何查询关税减让表；

3. 相关缔约方给予中国产品的减税安排；

4. 中国给予相关缔约方产品的减税安排；

5. 中国企业如何利用关税减让安排。

第一节 货物贸易规则解读

第四轮关税减让谈判形成的《亚太贸易协定第二修正案》于 2018 年 7 月 1 日起实施。《亚太贸易协定》共有八章 40 个条款，货物贸易规则是协定的核心内容。本章主要就协定第二章贸易自由化规划，以及多个附件(包括孟加拉国、中国、印度、韩国、斯里兰卡等国的减让表，老挝的一般减让表，蒙古国的减让表)进行解读。

一、货物贸易规则解读

《亚太贸易协定》属于优惠贸易安排，是最低程度和最松散的区域经济一体化形式，实行优惠贸易安排的成员之间，通过协议或其他形式，就部分进出口商品相互给予对方一定的关税减让优惠，缔约方按照各自的标准分别征收关税。虽然《亚太贸易协定》中的货物贸易优惠在各种区域一体化形式中程度较低，但其涉及缔约方涵盖面广、涉及品类齐全。以 2005 年税则为基准，中国在承诺 1697 项 8 位税目产品优惠关税的同时，还享受了印度 570 项 6 位税目、韩国 1367 项 10 位税目、斯里兰卡 427 项 6 位税目和孟加拉国 209 项 8 位税目产品的优惠关税，主要产品包括农产品、食品、矿产品、燃料、化工产品、橡胶及其制品、皮革及其制品、木制品、纸制品、纺织品、鞋类、陶瓷制品、玻璃制品、珠宝首饰、金属及其制品、机电产品、光学仪器、灯具、玩具和运动器材等。

(一)贸易自由化和贸易扩大

1. 贸易自由化

协定缔约方之间相互给予关税减让和非关税优惠。各缔约方对列入本国减让表的其他缔约方的产品给予关税、边境税和非关税的优惠待遇，并采取适当措施逐步放宽可能影响减让表中产品进口的非关税措施。

2. 给予最不发达国家的特殊减让

给予最不发达国家(指由联合国确认的最不发达国家)的特殊优惠主要表现

为对其最有出口利益的产品实施极低的关税税率，对个别产品甚至实施零关税。实际实施中也不要求最不发达国家作出减让。

3. 缔约方贸易扩大

各缔约方相互给予原产于任何一参加国的进口产品不低于协定生效前实施的优惠待遇；不对其他参加国的产品设置或增加关税和非关税措施；各缔约方之间提供最惠国待遇，对原产于另一参加国的产品在税收、税率和其他国内税费方面享有的优惠待遇不低于本国内同类产品；各缔约方应通过进一步谈判，采取步骤扩大对彼此有出口利益的产品的优惠范围和减让价值。

二、关税减让总体安排和特点

(一)降税幅度大

《亚太贸易协定第二修正案》平均降税税目比例超过 28%，平均降税幅度为 33%。

(二)对最不发达国家给予支持

最不发达国家孟加拉国、老挝和小经济体斯里兰卡可享有"特殊减让"的优惠税率。各缔约方在自愿基础上单方面给予协定内最不发达国家孟加拉国共1259 个产品特惠税率安排和老挝 1251 个产品特惠税率安排，称为"特殊减让"，平均降税幅度分别为 86.4% 和 86.2%。

自 2018 年 7 月 1 日起，中国新税率相比原税率上涨的有 9 项，下降的共计2229 项；协定税率无变化的共计 6080 项；直接降至零税率的共计 19 项，改变税率计算方式的有 17 项(见表 2-1)。

表 2-1　零税率商品

序号	HS 编码	类别描述	最惠国税率(%)	协定税率(%)
829	10039000	其他大麦	3	0
894	12019010	黄大豆	3	0
895	12019020	黑大豆	3	0

（续　表）

序号	HS 编码	类别描述	最惠国税率（%）	协定税率（%）
896	12019030	青大豆	3	0
897	12019090	其他大豆	3	0
904	12051090	其他低芥子酸油菜子	9	0
906	12059090	其他油菜子	9	0
1045	15021000	牛、羊油脂	8	0
1046	15029000	其他牛、羊脂肪	8	0
1371	23012010	饲料用鱼粉	2	0
1372	23012090	其他不适于供人食用的水产品渣粉	5	0
1380	23040010	提炼豆油所得的油渣饼（豆饼）	5	0
1381	23040090	提炼豆油所得的其他固体残渣	5	0
2872	38089111	蚊香	10	0
5181	71023900	其他非工业用钻石	8	0
5365	72142000	热加工带有轧制花纹的条、杆	3	0
6048	84049010	集中供暖热水锅炉辅助设备的零件	10	0
6049	84049090	其他辅助设备备用零件	7	0
6094	84111210	推力大于 25 千牛顿的涡轮风扇发动机	1	0

三、如何读懂关税减让表

关税减让表是企业了解每一类别产品所适用协定优惠关税税率的重要文件。《亚太贸易协定》各国附件即为具体关税减让表。其中中国关税减让表示例详见表2-2 所示。

表 2-2　中华人民共和国减让表（HS2017）

序号	HS2017	商品名称	基准税率（%）	优惠幅度（%）
1	01064190	蜜蜂	10	10
2	01064990	其他昆虫	10	10
3	01069090	其他活体动物，不可食用	10	10

(续 表)

序号	HS2017	商品名称	基准税率(%)	优惠幅度(%)
4	03019190	活鳟鱼，不包括鱼苗	10.5	24
5	03019290	活鳗鱼，不包括鱼苗	10	33
6	03019390	其他鲤鱼	10.5	24
7	03019491	活大西洋蓝鳍金枪鱼	10.5	24
8	03019492	活太平洋蓝鳍金枪鱼	10.5	24
9	03019590	其他活南方蓝鳍金枪鱼	10.5	24
10	03019992	活河豚鱼	10.5	24
11	03019993	其他活鲤鱼	10.5	24
12	03019999	活鱼，不包括鱼苗	10.5	24
13	03021900	新鲜或冷冻鲑鱼科 (不包括0302.11及0302.12)	12	33
14	03022100	新鲜或冷冻大比目鱼	12	25
15	03022200	新鲜或冷冻鲽鱼	12	25
16	03022300	新鲜或冷冻鳎目鱼	12	25
17	03022400	新鲜或冷冻大涡鱼	12	50
18	03022900	新鲜或冷冻比目鱼 (不包括大比目鱼、鲽鱼及鳎目鱼)	12	50
19	03023100	新鲜或冷冻长鳍金枪鱼	12	25
20	03023200	新鲜或冷冻黄鳍金枪鱼	12	25

资料来源：《亚太贸易协定》附件中国减让表。

(一)关税减让表名词解释

1. 协调制度编码

《商品名称及编码协调制度》简称"协调制度"，又称"HS"（The Harmonized Commodity Description and Coding System 的简称），是指在原海关合作理事会商品分类目录和国际贸易标准分类目录的基础上，协调国际上多种商品分类目录，而制定的一部多用途的国际贸易商品分类目录，详细编码可登录商务部网站查询。

2. 商品名称

商品名称是指各国针对 HS8 位编码作出的货品特征的具体描述。

3. 基础税率

缔约方关税基础税率均是指最惠国税率。最惠国税率，一般对已建交并订有双边或多边贸易协定的国家采用。最惠国待遇是国际贸易协定中的一项重要条款，根据此条款的规定，缔约方的一方现在和将来给予任何第三国的一切特权、优惠和豁免，也同样给予对方，因此，这种形式的关税减让是互惠的、双向的。

4. 优惠幅度

优惠幅度，指最惠国税率和同类产品优惠税率之间的百分比差，而非这两者之间的绝对差。计算公式如下：

$$优惠幅度 = \frac{最惠国税率 - 协定优惠关税}{最惠国税率} \times 100\%$$

(二)减让后的税率计算

选取中国减让清单中 HS 编码为 03019992 的生河豚鱼为例，其最惠国税率为 10.5%，中国在第四轮谈判中承诺的优惠幅度为 24%，根据上述公式可得到优惠后生河豚鱼税率为：10.5%×(1−24%) = 7.98%，所以，中国在《亚太贸易协定》中承诺的进口生河豚鱼的关税为 7.98%。

四、企业如何获取关税减让表

从事协定缔约方之间双边货物贸易的企业可通过中国自由贸易区服务网①、中国国际贸易促进委员会 FTA 服务网②等渠道获取上述《亚太贸易协定》缔约方关税减让表，并根据所从事贸易的具体产品特征查询该产品所适用的协调制度编码、每一年度的具体关税水平等信息。

---

① 中国自由贸易区服务网：http://fta.mofcom.gov.cn.
② 中国国际贸易促进委员会 FTA 服务网：http://www.ccpit-fta.com.

第二节　相关缔约方给予中国的减税安排

一、韩国的减税安排

韩国一般减让清单包括 2797 个税目产品，主要包括鱼类、鲜花、矿产品、化学制品、皮革制品、纺织制品、钢铁制品和机械产品等。特殊减让清单包括给予孟加拉国的 951 个特惠产品和给予老挝的 943 个特惠产品。表 2-3 根据 2018 年韩国自中国进口产品分布，选取进口额最大的前五种产品，就减税幅度进行比较说明。

表 2-3　韩国自中国进口额占比较大产品减税安排比较

HS 编码（章）	商品类别	减税涉及品类（数量）	基准税率（%）	优惠幅度（%）	优惠后税率（%）
84~85	机电产品	756	11.00	33.00	7.37
25~27	矿产品	105	4.00	37.00	2.52
28~38	化工产品	671	6.60	33.00	4.42
72~83	贱金属及制品	194	7.00	33.00	4.69
50~63	纺织品及原料	343	10.00	34.00	6.60

中国向韩国出口量较大的硅，出口税率 3.9%，与 WTO 最惠国税率关税相比优惠幅度达到 50%，手机零配件的关税优惠幅度也有 35%。

以中国向韩国出口额最大的机电类产品为例：假如一家中国企业向韩国出口金额 100 万美元的机器人（激光焊接机器人，HS：85158010），在《亚太贸易协定》生效前，WTO 的最惠国税率为 8%，出口清关时需缴纳关税 8 万美元，而当《亚太贸易协定》生效后，该产品税率降为 5.2%，意味着该企业出口同样金额的产品，出口清关时只需缴纳关税 5.2 万美元。

二、印度的减税安排

印度一般减让清单包括 3142 个税目产品，主要包括动物产品、油籽、矿产品、化工产品、橡胶制品、纺织制品、贱金属制品和机械产品等。特殊减让清单包括给予孟加拉国和老挝的 48 个特惠产品。

在印度关税减让清单中，焦炭是中国出口到印度最多的产品，可享受关税优惠幅度达到 45%。中国向印度出口较大的锅炉管可以享受 40% 的关税优惠幅度，中国向印度出口的东罗非鱼、其他熏鱼等鱼产品则可以享受零关税。

在中国向印度出口的产品中，机电产品、核反应堆、有机化学品等居前列。2019 年，印度自中国进口主要商品构成详见表 2-4。

表 2-4 印度自中国进口主要商品构成（章）

HS 编码（章）	商品类别	2019 年（百万美元）	上年同期（百万美元）	同比（%）	占比（%）
85	电机、电气、音像设备及其零附件	19953	23357	-14.6	29.2
84	核反应堆、锅炉、机械器具及零件	13873	13656	1.6	20.3
29	有机化学品	8237	8523	-3.4	12.1
39	塑料及其制品	2826	2692	5.0	4.1
31	肥料	2082	1622	28.4	3.1
73	钢铁制品	1697	1725	-1.6	2.5
90	光学、照相、医疗等设备及零附件	1432	1611	-11.1	2.1
87	车辆及其零附件，但铁道车辆除外	1283	1572	-18.4	1.9
38	杂项化学产品	1273	1391	-8.5	1.9
72	钢铁	1263	1364	-7.5	1.9
	总值	17128	16486	3.9	100.0

资料来源：商务部《国别贸易报告印度 2020》。

表 2-5 根据印度自中国进口产品分类，选取了 35 种产品就关税优惠安排进行比较。

表 2-5 印度自中国进口额占比较大产品减税安排比较

HS 编码	商品类别	减税涉及品类（数量）	基准税率（%）	优惠幅度（%）	优惠后税率（%）
27	矿产品	28	6.00	44.00	3.36
29	有机化学品	248	6.00	24.00	4.56
52	棉花	54	12.00	19.00	9.72

（续 表）

HS 编码	商品类别	减税涉及品类（数量）	基准税率（%）	优惠幅度（%）	优惠后税率（%）
26	矿砂	69	4.00	49.00	2.04
39	塑料	3	6.50	15.00	5.53

以中国向印度出口额最大的矿产品为例：假如一家中国企业向印度出口金额 100 万美元的矿产品，在《亚太贸易协定》生效前，该企业出口清关需缴纳关税 6 万美元，而当《亚太贸易协定》生效后，该企业出口同样金额的产品，清关时只需缴纳关税约 3 万美元。

2019 年，在《亚太贸易协定》生效后，中国某化工企业向印度出口一批噻嗪酮作为水稻用杀虫剂（HS：293499）。中国出口印度最惠国关税税率为 13%，而《亚太贸易协定》关税税率为 11%。

三、斯里兰卡、孟加拉国和老挝的减税安排

斯里兰卡、孟加拉国和老挝的一般减让清单分别包括 585 个、598 个和 999 个税目产品，主要包括渔水产品、水果、香料、食品、矿产品、化学制品、塑料及其制品、皮革制品、木材纸制品、纺织制品、钢铁制品和机械产品等。特殊减让清单包括缔约方给予斯里兰卡、孟加拉国和老挝的 75 个特惠产品。孟加拉国特殊减让清单包括给予老挝的 4 个特惠产品。老挝未提交特殊减让清单。

斯里兰卡对中国原产的精油、玻璃制品、电子钟等产品均给出了 30% 的优惠幅度。斯里兰卡、孟加拉国和老挝与中国贸易规模相对较小，减让清单涉及税目产品相对较少。表 2-6 选取了斯里兰卡、孟加拉国和老挝从中国进口额占比最大的机电产品，就减税承诺进行比较。

表 2-6 斯里兰卡、孟加拉国和老挝对中国机电产品减税承诺

国家	涉及产品数量	平均基准税率（%）	优惠幅度（%）	优惠后税率（%）
斯里兰卡	41	11	100	0.00
孟加拉国	103	11	20	8.80
老挝	16	11	35	7.15

中国企业向斯里兰卡出口减税承诺涉及的机电产品,通过《亚太贸易协定》可以获得零关税的优惠,同样,向孟加拉国和老挝出口涉及减税的机电产品,也可以获得 8.8% 和 7.15% 的优惠税率。

四、蒙古国的减税安排

蒙古国一般减让清单包括 366 个税目产品,主要包括渔水产品、蔬菜水果、动植物油、矿产品、化学制品、木材、棉纱、化学纤维、机械产品和运输设备等,平均降税幅度为 24.2%。蒙古国未提交特殊减让清单。

蒙古国一般减让清单中有 65 个税目产品属于机械电子类产品,机电产品是中国向蒙古国出口的最主要产品,在《亚太贸易协定》生效后,蒙古国对机电产品总体承诺 20% 的优惠幅度。机电产品税率依照最惠国税率平均约为 5%,中国企业在向蒙古国出口机电产品可获得 1% 左右减税(见表 2-7)。

表 2-7 蒙古国部分机电产品降税清单

HS 编码	产品名称	最惠国税率(%)	亚太贸易协定优惠税率(%)
840610	船用推进用涡轮机	5	4
840710	航空发动机	5	4
842420	喷枪和类似的器具	5	4
844110	割绒机	5	4
845110	干洗机器	5	4

第三节 中国给予相关缔约方的减税安排

一、中国关税减让概况

中国一般减让清单包括 2328 个税目产品,特殊减让清单包括给予孟加拉国和老挝的 181 个特惠税率产品。总体减税情况详见图 2-1。

中国关税减让涉及的商品主要包括矿产品、化工产品、机电产品、纺织原

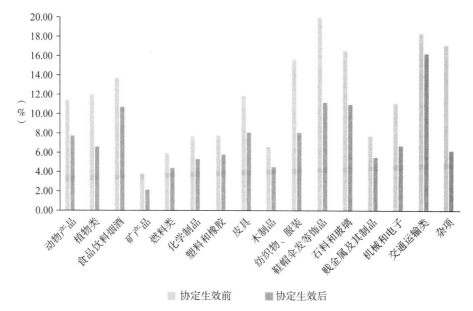

图 2-1 《亚太贸易协定》生效前后中国商品减税对比

料及纺织制品、活动物和动物产品、塑料和橡胶、植物产品、动植物油脂、鞋靴等轻工产品等。中国一般减让清单中，涉及产品数量最多的品类为机电产品和纺织服装类，分别涉及 532 和 455 种产品，降税幅度最大品类为杂项和鞋帽伞发等产品，平均降税比例为 11.0% 和 8.9%。中国部分关税减让安排详见表 2-8。

表 2-8 中国部分关税减让安排

	HS 编码	类别描述	最惠国税率（%）	优惠幅度（%）
活动物和动物产品	01064190	蜜蜂，纯种繁殖	10	10
	01064990	其他昆虫，用于纯种繁殖	10	10
	01069090	其他活动物，不可食用	10	10
	03019190	活鳟鱼	10.5	24
	03019290	活鳗鱼	10	33
	03019390	其他鲤鱼	10.5	24
	03019491	大西洋蓝鳍金枪鱼	10.5	24

（续　表）

HS 编码	类别描述	最惠国税率（%）	优惠幅度（%）
03019492	太平洋蓝鳍金枪鱼	10.5	24
03019590	其他活南方蓝鳍金枪鱼	10.5	24
03019992	活河豚	10.5	24
03019993	其他活鲤鱼	10.5	24
03019999	其他活鱼，不包括鱼苗	10.5	24
03021900	鲜或冷鲑鱼	12	33
03022100	鲜或冷庸鲽鱼	12	25
03022200	鲜或冷鲽鱼	12	25
03022300	鲜或冷鳎鱼	12	25
03022400	鲜或冷大菱鲆	12	50
03022900	鲜或冷比目鱼	12	50
03023100	鲜或冷长鳍金枪鱼	12	25
03023200	鲜或冷黄鳍金枪鱼	12	25
03023300	鲜或冷鲣鱼或狐鲣	12	33
03023520	鲜或冷太平洋蓝鳍金枪鱼	12	33
06022090	树苗、灌木或坚果	10	50
06029099	其他不用于繁殖的活植物	10	50
06031100	新鲜玫瑰	10	50
06031200	新鲜康乃馨	10	50
06031300	新鲜兰花	10	50
06031400	新鲜菊花	10	50
06031500	新鲜百合花及花蕾	10	50
06031900	其他新鲜花卉及花蕾	10	50
06039000	干燥、染色或其他方式制备的花卉及花蕾	23	50
25020000	未风化黄铁矿	3	50
25030000	除升华硫、沉淀硫及胶态硫以外的各种硫	3	50
25049000	片状天然石墨	3	50
25049000	其他天然石墨(不包括粉末或片状)	3	50
25059000	天然砂	3	50

活动物和动物产品（第一栏左侧标识）
植物产品（第二栏左侧标识）
矿产品（第三栏左侧标识）

59

（续　表）

	HS 编码	类别描述	最惠国税率（%）	优惠幅度（%）
矿产品	25061000	石英	3	50
	25061000	石英岩	3	50
	25062000	膨润土	3	50
	25081000	耐火黏土	3	50
	25083000	红柱石、蓝晶石和硅线石	3	50
化工产品	28100010	硼氧化物	5.5	10
	28111200	氢氰酸	5.5	20
	28151100	固体氢氧化钠（苛性钠）	10	35
	28151200	水溶液中的氢氧化钠（碱液或液态苏打）	8	35
	28170090	过氧化锌	5.5	10
	28273910	氯化锂	5.5	35
	28273920	氯化钡	5.5	35
	28273930	氯化钴	5.5	35
	28273990	氯化物，不另说明	5.5	35
	28281000	市售次氯酸钙和其他次氯酸钙	12	35
轻工产品	96071900	其他拉链	21	35
	96081000	圆珠笔	15	35
	96151100	硬质橡胶或塑料制梳子、发夹及类似品	18	35
	96159000	其他发夹、卷发器等及其零件	18	35
	96161000	香水喷雾器或类似的化妆用喷雾器	18	35
	96162000	施敷脂粉或化妆品用粉扑及粉拍	18	35
	96190090	任何材料制的卫生巾或尿布的类似品	14	35

资料来源：《亚太贸易协定》，http://fta.mofcom.gov.cn/yatai/yatai_special.shtml.

二、中国对韩国的减税安排

根据 2019 年中国自韩国进口产品分类，表 2-9 选取进口额最大的前五种，对《亚太贸易协定》生效前后中国自韩国进口产品的关税税率进行比较说明。

以中国自韩国进口额最大的机电类产品为例，假如一家中国企业自韩国进口金额 100 万美元的柱塞泵（HS：8413509030），在《亚太贸易协定》生效前，该企业在进口清关时需缴纳关税 8 万美元，在《亚太贸易协定》生效后，该企业进口同样金额的产品，只需缴纳关税 5.6 万美元。

表 2-9 中国自韩国进口产品减税安排比较

HS 编码 （章）	商品类别	减税涉及品类 （数量）	基准税率 （%）	优惠幅度 （%）	优惠后税率 （%）
84-85	机电产品	531	11.13	39.64	6.72
28-38	化工产品	270	7.68	30.40	5.34
39-40	塑料、橡胶	95	7.80	26.10	5.76
90-92	光学、钟表、医疗设备	71	7.60	33.82	5.03
25-27	矿产品	42	3.84	46.42	2.06

三、中国对印度的减税安排

有机化学品、矿产品等是中国自印度进口主要产品，2019 年，中国自印度进口主要商品构成详见表 2-10 所示。《亚太贸易协定》生效前后中国自印度进口产品减税安排比较详见表 2-11 所示。

表 2-10 2019 年中国自印度进口主要商品构成

HS 编码 （章）	商品类别	2019 年 （百万美元）	上年同期 （百万美元）	同比 （%）	占比 （%）
29	有机化学品	2983	3022	-1.3	17.4
26	矿砂、矿渣及矿灰	2145	1165	84.1	12.5
27	矿物燃料、矿物油及其产品；沥青等	2073	3141	-34.0	12.1
03	鱼及其他水生无脊椎动物	1375	566	142.9	8.0
52	棉花	1044	1463	-28.6	6.1
39	塑料及其制品	970	1052	-7.8	5.7
84	核反应堆、锅炉、机械器具及零件	840	831	1.1	4.9
85	电机、电气、音像设备及其零附件	819	533	53.6	4.8
25	盐；硫磺；土及石料；石灰及水泥等	626	704	-11.1	3.7

（续 表）

HS 编码（章）	商品类别	2019 年（百万美元）	上年同期（百万美元）	同比（%）	占比（%）
72	钢铁	567	303	87.1	3.3
	总值	17128	16486	3.9	100.0

资料来源：商务部《国别贸易报告印度 2020》。

表 2-11　《亚太贸易协定》生效前后中国自印度进口产品减税安排比较

HS 编码（章）	商品类别	减税涉及品类（数量）	基准税率（%）	优惠幅度（%）	优惠后税率（%）
25-27	矿产品	42	3.84	46.42	2.06
28-38	化工产品	270	7.68	30.40	5.34
84-85	机电产品	531	11.13	39.64	6.72
50-63	纺织品及原料	452	15.67	48.48	8.07
1-5	活动物；动物产品	149	11.53	33.13	7.71

以中国自印度进口额最大的矿产品为例，假如一家中国企业自印度进口金额 100 万美元的未焙烧的黄铁矿（HS：25020000），在《亚太贸易协定》生效前，该企业进口清关时需缴纳关税 3 万美元，在《亚太贸易协定》生效后，该企业进口同样金额的产品，只需缴纳关税 1.55 万美元。

四、中国对斯里兰卡的减税安排

根据 2018 年中国自斯里兰卡进口产品分类，表 2-12 选取出口额最大的前五种产品，对减税安排进行比较。

表 2-12　《亚太贸易协定》生效前后中国自斯里兰卡进口产品减税安排比较

HS 编码（章）	商品类别	减税涉及品类（数量）	基准税率（%）	优惠幅度（%）	优惠后税率（%）
50-63	纺织品及原料	42	15.67	48.48	8.07
6-14	植物产品	270	12.15	46.02	6.56
25-27	矿产品	531	3.84	46.42	2.06

（续　表）

HS 编码 （章）	商品类别	减税涉及品类 （数量）	基准税率 （%）	优惠幅度 （%）	优惠后税率 （%）
84-85	机电产品	452	11.13	39.64	6.72
39-40	塑料、橡胶	149	7.80	26.10	5.76

以中国自斯里兰卡进口额最大的矿产品为例，假如一家中国企业自斯里兰卡进口金额 100 万美元的矿产品，在《亚太贸易协定》生效前，该企业进口清关时需缴纳关税 15.67 万美元，在《亚太贸易协定》后效后，该企业进口同样金额的产品，只需缴纳关税 8.07 万美元。

五、中国对孟加拉国的减税安排

孟加拉国是世界 49 个最不发达国家之一，出口产品以简单加工产品和原材料为主。近年来，孟加拉国纺织服装产业发展迅速，占据了越来越大的出口份额。另外，黄麻及黄麻类制品一直是孟加拉国主要出口产品之一。在《亚太贸易协定》中，中国为孟加拉国提供了特殊减让清单，黄麻成为孟加拉国的免税出口品，纺织服装也有优惠幅度较高的减税。

表 2-13　中国自孟加拉国进口黄麻及部分纺织品优惠幅度

HS 编码	商品类别	最惠国税率（%）	优惠幅度（%）	优惠后税率（%）
53031000	生的或褪色的黄麻等 （不包括亚麻，真麻和苎麻）	5	100	0
61034900	男式或男童长裤（针织/钩编）等	16	100	0
62043990	其他纺织品制的女式或女童夹克	16	100	0
62063000	棉制的女式或女童衬衫、衬衫等	16	60	6.4

六、中国对老挝的减税安排

老挝主要出口产品集中在木制品、矿产品、橡胶产品以及化学产品，享受中国一般减让清单优惠，部分出口产品（如动植物产品和纺织品）享受中国特殊减让清单优惠。中国对最不发达国家特殊减让清单包含 187 种产品，在《亚太贸易协定》中，老挝出口中国的水产品中有 44 种享受零关税待遇，135 种植物产品和纺织品也享受高关税减免。

表 2-14　中国自老挝进口部分产品减税安排比较

HS 编码	商品类别	最惠国税率（%）	优惠幅度（%）	优惠后税率（%）
03038990	冻银鳕鱼	10	100	0
03057100	鲨鱼翅	15	100	0
42032910	含濒危野生动物皮革制的劳保手套（包括再生野生动物皮革制作的）	20	60	8
63051000	黄麻或其他韧皮纤维制货物	10	100	0

七、中国对蒙古国的减税安排

蒙古国对中国出口主要产品是矿产品以及动物类产品，根据蒙古国工商联预计，蒙古国加入《亚太贸易协定》，其出口到中国炼焦煤的关税将享受 50% 的优惠。此外，经过加工和半加工的皮革产品关税也将获得 50% 的优惠，而羊绒针织品将有可能获得 35% 的关税优惠。

假设蒙古国向中国出口总价值在 3000 万元人民币左右的羊，按照《亚太贸易协定》生效前的税率需要缴纳 540 万元人民币关税，在《亚太贸易协定》生效后，根据中国一般减让清单优惠，出口同样总价值 3000 万元人民币的羊只需缴纳 270 万元人民币关税。

第四节　中国企业如何利用关税减让安排

《亚太贸易协定》是在联合国亚太经济社会委员会主持下，为促进南南合作，在发展中国家之间达成的一项优惠贸易安排，既是中国加入的第一个优惠区域性多边贸易组织，也曾是中国唯一涵盖东亚、南亚地区并生效的优惠贸易协定①。充分利用该协定，有助于中国与其他亚太缔约方进行贸易往来的企业

---

① 直至 2022 年 1 月 1 日，《区域全面经济伙伴关系协定》（RCEP）正式生效。

提高产品竞争力并获取更多收益。

一、合理选择最佳协定，为企业争取最大利好

合理选择最佳协定，不仅可以帮助企业减免关税，还可以增强企业的市场竞争力、维护外贸客户的稳定，这对于促进企业发展和转型是一项重要利好。

多年来，《亚太贸易协定》在帮助中国企业争取关税减免优惠、促进中国贸易发展等方面发挥了重要作用。以中韩贸易为例，在《中国—韩国自由贸易协定》正式生效前，《亚太贸易协定》项下的原产地证书一直都是中韩双边贸易唯一可申领的重要关税减免凭证。随着 2015 年《中国—韩国自由贸易协定》以及 2022 年《区域全面经济伙伴关系协定》（RCEP）的正式生效，跟韩国有贸易往来的中国企业有了多种关税减免选择。

根据《中国—韩国自由贸易协定》关税减让方案，以 2012 年税则编码为基准，中方实现零关税的产品最终将达到税目数的 91%、进口额的 85%；韩方实现零关税的产品最终将达到税目数的 92%、进口额的 91%。2016 年 1 月 1 日第二次降税后，中方实施零关税的税目数比例达到 20%，主要包括部分电子产品、化工产品、矿产品等；韩方实施零关税的税目数比例达到 50%，主要包括部分机电产品、钢铁制品、化工产品等。《中国—韩国自由贸易协定》项下原产地证书理论上降税幅度大，涉及减免关税的产品目录多，许多韩方客户在《中国—韩国自由贸易协定》生效的第一时间就要求中国企业改领《中国—韩国自由贸易协定》项下原产地证书。相比之下，《亚太贸易协定》只涉及部分产品一定幅度的降税，无论是灵活性还是优惠性似乎都远逊于《中国—韩国自由贸易协定》项下原产地证书，但是实际上部分 HS 编码目录下的产品关税，在《中国—韩国自由贸易协定》中需要 10 年甚至 20 年的时间才会降为零。

表 2-15 《亚太贸易协定》与《中国—韩国自由贸易协定》税率对比

（单位：%）

HS 编码	商品名称	基准税率	《亚太贸易协定》优惠税率	《中国—韩国自由贸易协定》优惠税率（2020 年）	《中国—韩国自由贸易协定》优惠税率（2021 年）
7408190000	精炼铜线	8	2.5	3.2	2.4

以精炼铜线（HS：7408190000）为例，经过四轮降税，2020 年精炼铜线在《中国—韩国自由贸易协定》下的优惠税率达到了 3.2%，而同期的《亚太贸易协定》优惠税率为 2.5%。很显然，在 2020 年之前，有关精炼铜线的贸易，企业更应该倾向于申领《亚太贸易协定》的原产地证书。在 2021 年之后，《中国—韩国自由贸易协定》中精炼铜线的优惠税率（2.4%）低于《亚太贸易协定》下的优惠税率，企业此时就可以选择申领《中国—韩国自由贸易协定》项下原产地证书。

二、出口企业应有的放矢，更好拓展出口市场

2018 年 7 月 1 日，《亚太贸易协定第二修正案》正式生效实施，6 个缔约方对共计 10312 个税目的产品关税进行削减，平均降税幅度 33%，降税产品品种多样、包罗万象，既有鱼类、蔬菜、油籽、茶叶等动植物产品，也有矿产品、化工制品、皮革制品、橡胶制品、纺织服装、贱金属制品、钢铁制品、机动车零部件、机械电子及仪器仪表等。2020 年新加入的蒙古国也于 2021 年 1 月 1 日开始对 366 个税目削减关税，平均降税幅度 24.2%，范围主要涉及水产品、蔬菜水果、动植物油、矿产品、化学制品、木材、棉纱、化学纤维、机械产品、运输设备等。

这些种类繁多的减税产品中或蕴藏着机遇。中国出口企业可在了解《亚太贸易协定》缔约方承诺的关税减让幅度和范围后，计算自身出口产品在不同缔约国可享受的关税减免额，结合税收优惠有的放矢地增加对印度、韩国、斯里兰卡、孟加拉国、蒙古和老挝等国家相关产品的出口。要提示的是，获得关税减让的前提是取得原产地证书，相关内容可参看本指南第三章。

三、进口企业应立足产业优势，实现高质量共赢发展

《亚太贸易协定》各缔约方相关产业具有较强的互补性，除中国、韩国外，其余各国缺乏成熟的产业链条，均以原材料出口为主。中国企业应深度发挥中国产业集群优势，打造高附加值来料加工贸易体系，建立合作型跨国产业集群，推进亚太区域经济一体化发展。

同时，面对中国广阔的国内市场，企业应结合自身产业特色，同出口国建立友好的贸易往来关系，打造与中国产业链条契合度较高的体系，实现高质量互利共赢合作。

四、加强专业人才培养，不断提高企业国际竞争力

部分企业由于不熟悉《亚太贸易协定》税收减免政策与原产地证书申办流程，或者认为雇佣专业人才会提高经营成本，而最终放弃了协定带来的关税优惠。但事实上，利用协定带来的经济收益可能远高于企业付出的成本。同时，《亚太贸易协定》还存在继续修订的可能，引进或培养专业人才可以帮助企业及时跟踪政策变化，第一时间找到商机。出口企业应当引进并培养熟悉贸易协定规则和应用流程的经济或法律人才，帮助企业用好用足自贸协定相关政策红利。

第三章

《亚太贸易协定》中的
原产地规则深度解读

货物原产地，又被称为货物的"经济国籍"，在自贸协定货物贸易自由化的实施过程中，发挥着至关重要的作用。简而言之，自贸协定达成的优惠关税安排仅适用于原产于各缔约方的货物，而对于原产于非缔约方的货物具有排他性。自贸协定实施过程中，缔约方之间进出口货物是否具有享受优惠关税待遇的资格，要通过自贸协定确定的一套统一的原产地规则进行判定。只有满足原产地规则并且严格遵守相关程序性操作要求的货物，才能顺利享受自贸协定的关税减免。

本章内容主要对现行的《亚太贸易协定》第二章第八条原产地规则进行深度解读。通过本章的阅读，企业将可以了解以下主要内容：

1. 原产地规则具体有哪些？实务中如何运用？

2. 原产地证书如何申领？实务操作规范有哪些？

3. 如何高效、顺利使用原产地证书？如何做好核查应对？

第一节 原产地规则解读

货物原产地，是货物生产、采集、饲养、提取、加工和制造的所在地，需要根据原产地规则进行科学判定。本节原产地规则解读从实务角度出发，采用逐条分析的方法，对《亚太贸易协定》原产地规则的重要概念、定义、法律原理和渊源及应用进行解释，同时采用案例解析的形式阐述该条款在实务中对企业的重要意义。

原产地规则决定货物是否有资格享受优惠关税待遇。本节内容规定了货物获得《亚太贸易协定》原产资格的实体性判定标准，由原产地标准和补充规则建立了一整套关于判定货物原产资格的规定。其中，原产地标准明确了原产货物的涵盖范围，列明了货物适用原产资格的具体条件；补充规则对原产地累积标准、直接运输、包装条款等作出规定。

一、原产产品

《亚太贸易协定》附件二第一条原产产品是协定原产地规则的引领性条款，明确了可被视为原产产品的两类情况，货物符合其中之一即可获得《亚太贸易协定》项下的原产资格。

【协定文本】

第一条 原产产品

《亚洲及太平洋经济和社会委员会发展中成员国关于贸易谈判的第一协定》（以下简称《亚太贸易协定》）框架下优惠贸易中，一参加国从另一参加国按本协定第五条的规定直接运输进口的货物，如符合原产地规定的下列任一情况，应享受优惠待遇：

（一）根据第2条定义，完全在出口参加国境内生产或获得的货物；或

（二）根据第3条或第4条的规定，非完全在出口参加国境内生产或获得的货物。

【条文解读】

本条说明了何种货物满足何种规则时将具备原产货物资格。本条使用描述的方法对货物进行分类：第一类是完全在出口参加国境内生产或获得的货物；第二类是非完全在出口参加国境内生产或获得的货物。

《亚太贸易协定》第一章总则第一条第一款规定了"参加国"范围。截至2021年，参加国包括中国、孟加拉国、印度、老挝、韩国、斯里兰卡以及蒙古国。

【协定文本】

第二条　完全生产或获得的货物

第一条(一)中，下列情况被视为完全在出口参加国境内生产或获得：

(一)从本国的土壤、水域或海床中开采或提取的原材料或矿产品；①

(二)在本国收获的农产品；②

(三)在本国出生和饲养的动物；

(四)在本国从上述(三)动物中获得的产品；

(五)在本国狩猎或捕捞的产品；

(六)由本国船只③④在公海捕捞的鱼类和其他海产品；

(七)由本国加工船④⑤上加工或制造上述(六)所列产品获得的产品；

(八)从本国不具原有用途，且不能再使用的废旧物品中回收的零件或原材料；

(九)从本国收集的废旧物品，其已不具原有用途，并不再能被储藏或修复，只能被丢弃或从中回收零件或原材料；

(十)在本国加工制造过程中产生的废碎料；

---

①　包括矿物燃料、润滑剂及相关矿产品，同时包括矿石及含金属岩石。

②　包括林业产品。

③　"船只"是指从事商业捕捞作业的渔业船舶，在一成员国注册并由该成员国的一个或多个公民和/或政府经营，其法人或团体的合伙人也应于该成员国注册。该成员国内公民和/或政府所持的该船舶的资产净值至少应为该船舶的60%；或者各成员国的公民和/或政府所持的该船舶的资产净值至少应为该船舶的75%。但根据成员国间租借船只或分享收获的双边协议在专业捕捞船只上获得的产品也应享受优惠待遇。

④　由政府机构经营的船只或加工船不应执行悬挂成员国国旗的要求。

⑤　本协定中，"加工船"是指特定用于在船上仅对上款(六)中的产品进行加工和/或生产的船只。

(十一)利用上述(一)至(九)项所列产品在本国加工所得的产品。

【条文解读】

1. 第一项规定的矿产品包括矿物燃料、润滑剂及相关矿产品,同时包括矿石及含金属岩石。

2. 第二项需要注意的是,农产品包括林业产品。具体包括但不限于果实、花、蔬菜、树木、海藻、真菌及活植物。表3-1列明了主要植物产品及其税则编码。

表3-1 主要植物产品及其税则编码

涉及产品范围	
品 名	**HS 编码**
蔬菜及水果	0701-0714
谷物	1001-1008
水果及坚果	0801-0814
咖啡	0901
可可	1801-1802
茶	0902-0903
香料	0904-091
烟草	2401
含油子仁及果实	1201-1208
树木	0601
真菌	0712

3. 第三项的动物应当包括一切生命形式的动物。具体包括但不限于哺乳动物、鸟、鱼、甲壳动物、软体动物、爬行动物、细菌及病毒。表3-2列明了主要活动物及其税则编码。

表3-2 主要活动物及其税则编码

涉及产品范围	
品 名	**HS 编码**
活动物	0101-0106 0307
鱼(非海洋哺乳动物)、甲壳动物、软体动物和水生无脊椎动物	0301 0302 0306 0307

4. 第四项产品指从活动物获得的未经进一步加工的产品，包括乳、蛋、天然蜂蜜、毛发、羊毛、精液及粪便。表 3-3 列明了从活动物中获得的主要产品及其税则编码。

表 3-3　从活动物中获得的主要产品及其税则编码

涉及产品范围	
品　名	HS 编码
奶类	0401
蛋类	0407
天然蜂蜜	0409
毛发	0502
羊毛	5101 5102
精液	0511
粪便	0510 0511

5. 第五项的产品指在本国境内用上述方法获得的动物，不限制该动物的存活状态。表 3-4 列明了用上述方法获得的主要产品及其税则编码。

表 3-4　在本国狩猎或捕捞的产品及其税则编码

涉及产品范围	
品　名	HS 编码
活动物	0101-0106 0307
鱼(非海洋哺乳动物)、甲壳动物、软体动物和水生无脊椎动物	0301 0302 0306 0307

6. 第六项中的公海指不包括在国家的专属经济区、领海或内水或群岛国的群岛水域内的全部海域。《联合国海洋法公约》第八十七条规定：公海对所有国家开放，不论其为沿海国或内陆国。公海自由包括捕鱼自由。

7. 第七项中的加工船又称渔业基地船，专用于在海上接受捕捞渔船的渔获物，将其加工成各种鱼品。在船上储藏或转运的船，实际上是海上浮动的鱼品加工厂。按捕捞的鱼类、捕捞方式、渔获物加工的成品种类，分为多种专业船，包括鲑鳟鱼母船、延绳吊母船、鱼粉加工船、捕鲸母船、蟹工船、虾工船等。各种加工船型，从几百吨到几千吨排水量大小不等。特大型渔业加工船满载排水量达2万多吨，装有加工、制冷、动力等多种设备，有充裕的冷藏舱室及加工车间；有较广阔的作业甲板和较大的加工车间，用以处理和加工渔获物。

8. 第八、九、十项中"废旧物品"和"废碎料"指不能再作原用途，而仅适于弃置或作原材料回收用的产品。例如：中国境内的旧电池，从其使用者手中收集后被出口至《亚太贸易协定》参加国。如果在参加国境内，该旧电池仅用于回收电池中的铅、镍、锌等原材料，则旧电池满足原产资格。但是，如果该旧电池出口至《亚太贸易协定》参加国境内是为了进行修复，则不适用完全获得标准。

9. 第十一项为兜底性条款，该条款规定了在一参加国生产的没有使用任何从其他国家（或地区）进口原材料或者零部件的产品可适用完全获得标准。根据该条款，如企业适用本项，则必须确定货物中不含任何其他国家（或地区）进口或产地不明的原材料的产品。在这种情况下，生产商必须证明出口产品的所有原材料和部件均不含任何他国（或地区）成分。然而，在实务中想要实现上述证明并不简单，往往成本过高或者不具有可操作性。因此，本项更多适用于天然产品或初级加工品，相关产品的产业链较短，企业容易进行原产地溯源。

【实务指导】

问：中国某企业常年出口在某海域（近海）捕捞获得的带鱼。现要利用《亚太贸易协定》将产品销往蒙古国。在申请《亚太贸易协定》原产地证书时，如何证明捕捞的带鱼为中国原产？

答：根据《中华人民共和国渔业法》和《中华人民共和国渔业法实施细则》的相关规定，中国对捕捞业实行捕捞许可制度。该企业可提供捕捞企业的《海洋捕捞渔船捕捞许可证》、捕捞日志、出口公司与捕捞企业签订的销售合同及签证机构认为需要的涉及渔船作业类型、场所、时限等内容的证明。

问：中国某企业生产龙井茶销往韩国，制茶工序包括采摘、晾晒、炒制、装袋，此龙井茶是否属于完全在中国生产或获得？

答：在判断产品是否属于完全生产或获得的货物时，只需对照本协定第二条完全生产或获得的货物清单。茶叶属于协定第二条第(二)项所述在本国收获的农产品，且加工过程无任何其他进口成分，因此，符合完全在中国生产或获得。

【案例解析】

中国某羽绒家纺生产企业出口5%水洗白鹅毛(HS：050510)至《亚太贸易协定》参加国韩国，该白鹅毛原材料为其从某羽绒加工厂采购获得。根据工厂提供信息，所有鹅毛均来自中国某家禽养殖场，产品物料明细如下：

表3-5　某羽绒家纺企业出口水洗白鹅毛产品物料明细

产品加工工序	水洗—烘干—冷却—分拣—拼堆—打包—消毒熏蒸			
HS 编码	名称型号	CIF 单价	CIF 价与商品 FOB 价比率(%)	原产国别/地区
050510	白鹅毛	3	90	中国

从物料明细清单可知，该5%水洗白鹅毛属于《亚太贸易协定》第二条第四项所述，在本国出生和饲养的动物中获得的产品，符合中国原产资格，可以享受《亚太贸易协定》优惠关税待遇。

二、实质性改变标准

对于含有非原产原材料或者零部件的货物，《亚太贸易协定》原产地规则也采取了国际上主流的"实质性改变标准"对其原产地进行判定。

【协定文本】

第三条　非完全生产或获得的货物

一、第一条(二)中，在一出口参加国境内最终制得或加工的产品，其来自非参加国或不明原产地的原材料、零件或制品的总价值不超过该产品FOB价的55%，应可根据第三条(三)、(四)和(五)的规定享受优惠待遇；

二、部门/行业协议;①

三、非原产材料含量的计算公式,以及按照第 3 条(a)达到原产标准要求如下:

$$\frac{\text{进口的非原产材料、} \atop \text{零件或制品的价值} + \text{原产地不明的非原产材料、} \atop \text{零件或制品的价值}}{\text{F. O. B. 价格}} \times 100 \leq 55\%$$

四、非原产原材料、零件或制品的价值应为:

(一)原材料、零件或制品进口时可以得到证明的 CIF 价;

(二)或在从事生产或加工的参加国境内,对原产地不明的原材料零件或制品最早可确定的价格。

【条文解读】

《亚太贸易协定》第三条第一项至第四项为企业适用区域价值成分(RVC)标准提供了详细的指导。该公式所包含的计算项目分别是进口的非原产材料、零件或制品的价值,原产地不明的非原产材料、零件或制品的价值和出口商品的 FOB 价格。其中,进口的非原产材料指从非缔约国进口的原材料,原产地不明的非原产材料指无法确定原产国的原材料,二者统称为非原产材料。《亚太贸易协定》原产地规则将区域价值成分定为45%(针对最不发达参加国,给予10个百分点的优惠,详见《亚太贸易协定》附件二第十条)。

企业在适用区域价值成分标准时需注意,如果非原产材料通过进口而来时,其价值应为 CIF 价格;如果非原产材料通过生产商在国内采购,则其价值为采购价,不包括将其从供应商仓库运抵生厂商所在地的运费、保费、包装费及任何其他费用。

【案例解析】

中国某市企业生产的玻璃纤维短切毡(HS:701931)出口至《亚太贸易协定》参加国印度,出口 FOB 价格为 817 美元/吨。该产品适用上述协定的区域价值成分标准,即来自非参加国或不明原产地的原材料、零件或制品的总价值不超过该产品 FOB 价的 55%。

---

① 对按照本协定项下部门/行业协议框架进行贸易的产品,可制定适用的特殊标准。在部门/行业协议的谈判中应对这些标准予以考虑。

表 3-6　某企业玻璃纤维短切毡出口物料明细

HS 编码	名称型号	CIF 单价 （美元/吨）	单位用料 （吨）	CIF 价与商品 FOB 价比（%）	原产国别/ 地区
253090	叶腊石	95	0.83	9.65	中国
250510	石英粉	94	0.168	1.93	中国
350691	黏结剂	3213	0.0287	11.29	意大利
340399	JS-814	5170	0.00538	3.4	美国

该产品非原产材料是黏结剂和 JS-814，非原产材料 CIF 价合计 $3213 \times 0.0287 + 5170 \times 0.00538 = 120.03$ 美元，按照《亚太贸易协定》区域价值计算公式，$RVC = 120.03 \div 817 \times 100\% = 14.69\% \leqslant 55\%$。因此，该产品满足《亚太贸易协定》原产地判定标准，可以赋予《亚太贸易协定》项下中国原产资格。

三、补充标准

除了原产地标准外，货物原产资格的判定还包括一些补充、辅助性规则，考虑到了货物生产、运输的各种情形下判定原产资格的要求。

（一）微小加工和处理标准

【协定文本】

第三条　非完全生产或获得的货物

五、无论是否满足第一条（二）的要求，下述加工或处理被视为不能够授予原产产品资格：

（一）为保证运输或贮存期间处于良好状态而进行的处理（通风、摊开、干燥、冷冻、加盐、用二氧化硫或其它水溶液处理、拆除损坏零件，以及其它类似处理）；

（二）简单处理包括除尘、筛分或过滤、拣选、分类、匹配（包括物品部件的组拼）、清洗、油漆、切割；

（三）改变包装、货物的拆散和组装；

（四）简单切片、切割或再次包装或装瓶、装袋、装箱、在卡片或板上固定等；

（五）在产品或其包装上粘贴标识、标签或其它区分性的标记；

（六）简单混合；

（七）对产品零件进行简单组装成为独立完整产品；

（八）动物屠宰；

（九）剥皮、谷物去壳、去骨；

（十）上述两项或更多处理的组合。

【条文解读】

本条定义了非完全在出口参加国境内生产或获得的货物，只经过以上十种中的一种或多种加工或处理，将不影响或改变货物原产地属性，即非原产货物经过各种微小加工和处理，不会改变其原产地。对中国生产企业来说，当使用非原产材料在中国境内进行加工时，如果只经过上述微小加工和处理所定义的加工工序，无论是单独进行还是多种工序同时进行，均不能使最终产品获得原产资格。

列举一些常见的微小加工和处理：

1. 在运输过程中对货物进行冷冻；

2. 为货物加装减震防撞包装；

3. 将进口的货物去除杂质或将进口蔬果进行干燥等；

4. 将进口咖啡豆分装成小包，贴标签或者标牌出售；

5. 将75%的医用酒精加水稀释为40%~50%的医用酒精；

6. 将进口自行车拆卸为零件；

7. 宰杀猪、牛、羊等；

8. 在铝型材表面喷涂防氧化涂料；

9. 将进口菠萝蜜去皮、分拣，将果肉装盒出售；

10. 非原产的大米与原产大米混合。

【实务指导】

问：中国某企业自澳大利亚进口稻谷和精品黑米到中国，使用打米机将稻谷的壳退掉生产出大米，后将大米和进口精品黑米通过一定的比例混合，生产出混合米，最后通过真空包装成小袋，贴上标签出售，该货物是否可获得中国原产资格？

答：不能。进口货物通过的以上多道工序，如去皮、简单混合，为销售进行的包装和贴标签等，均只属于微小加工和处理，没有经过实质性改变，因此不能获得中国原产资格。

(二) 累积标准

【协定文本】

第四条　原产地累积标准

符合第一条所述原产地要求的产品，且该产品在一参加国境内用作可享受另一参加国优惠待遇的最终产品的投入品，如果最终产品中该参加国成分合计不低于其 FOB 价的 60%，则该产品应视为最终产品制造或加工所在参加国的原产产品。①

【条文解读】

《亚太贸易协定》附件二亚太贸易协定原产地规则第四条原产地累积标准，指允许协定某一参加国在生产过程中使用原产于其他参加国的投入品，生产出的最终产品仍可获得原产资格。累积标准为生产企业在生产过程中赋予了更多选择机会，同时拓展了原产货物的定义，可促进贸易协定参加国之间生产要素流通，并鼓励各方使用协定区域内的投入品进行生产加工，进一步促进区内经济融合。

《亚太贸易协定》采取的是部分累积规则，若一参加国使用另外参加国的材料生产产品，只有该材料在其它参加国已经获得原产资格，才能算作最终产品的原产材料，即《亚太贸易协定》的累积标准的客体仅限于参加国的原产材料。中国企业在生产过程中使用的原产于《亚太贸易协定》其它参加国的原材料、零部件或中间产品可被视为中国原产，而不被视为"进口"或"非原产"材料。

符合在参加国境内原产条件的产品，在另一参加国境内用作生产享受关税

---

① 第四条中"部分"累计是指符合在一成员国境内原产条件的产品，当其按照第三条(五)作为可在另一成员国境内享受优惠待遇的制成品的投入品时，可予以考虑。

减让优惠最终产品的原材料时，如果各参加国材料的累积价值在该最终产品中不低于 FOB 价格的 60%，则该最终产品可视为制造或者加工该最终产品参加国的原产货物。

其中"累积成分"，应当按照作为投入品的原产材料价值（VOM1）和加工最终产品的参加国所增加的原产材料价值（VOM2）之和计算。VOM1 指在前一个参加国所使用的原产材料价值，该价值应当按照《海关估价协议》第一条至第八条、第十五条及其相应的解释性说明，以所核定的海关价格为基础进行计算。VOM2 指在加工最终产品的参加国境内获得的原产材料价值，以及在该国作为加工最终产品投入品而使用的价值，包括生产最终产品而付出的直接劳动成本、直接管理费用、运输成本及利润。基于上述解释，如上述 VOM1 和 VOM2 之和不低于最终产品 FOB 价的 60%，则该产品应视为加工最终产品参加国的原产产品。

【实务指导】

中国某电子产品生产企业生产 LED 驱动电源（HS：850440）并出口印度，产品物料明细如下。如何使用原产地累积标准进行产品原产地判定？

表 3-7　某企业出口 LED 驱动电源产品物件清单

HS 编码	名称型号	CIF 单价（美元）	CIF 价与商品 FOB 价比率（%）	原产国别/地区
854129	晶体管	3	3.2	韩国
854231	集成电路	2.84	3.1	菲律宾
761699	铝制外壳	5.24	5.6	中国
854420	线材	8.79	9.5	中国
850490	变压器零部件	6.2	42.9	中国

本案例中，VOM1 为原产于韩国的晶体管，VOM2 包括铝制外壳、线材、变压器零部件的原材料价值及相关生产成本、利润等。根据累积标准要求，VOM1 和 VOM2 之和不低于最终产品 LED 驱动电源 FOB 价的 60% 即可获得原产资格。本案例中 VOM2 项下中国原产材料价值占 FOB 价 58%。此外，VOM1 占 FOB 价的 3.2%，两项合计为 61.2% >60%。因此，使用累积标准，该产品

可以被赋予《亚太贸易协定》中国原产资格。

(三) 直接运输

【协定文本】

第五条　直接运输

下列情况应视为从出口国关境直接运输至进口国关境:

(一) 产品未经任何非参加国关境运输;

(二) 产品运输虽经过一个或多个非参加国, 无论是否转运或暂时存储, 除非以下几种情形:

1. 过境是由于地理原因或仅出于运输要求的考虑;

2. 产品在过境地未进行交易或消费; 及

3. 除装卸或保持产品良好状态的工作外, 产品在过境地未经任何其他加工。

【条文解读】

本条定义了直接运输规则。直接运输规则是为了确保到达《亚太贸易协定》进口方的产品与离开《亚太贸易协定》出口方的产品完全一致,降低根据自由贸易协定可以享受优惠待遇的货物在运输途中遭到人为操纵或者被掺加非优惠货物的风险。从这个意义上说,直接运输规则并非严格意义上的判定原产的规则,而是一种行政手段,用来防止在运输途中对原产产品所进行的欺骗行为。

本条第一款第一项是对直接运输的严格要求,规定货物必须在《亚太贸易协定》出口方和进口方之间直接运输。本条第一款第二项是对第一项的例外规定。这是因为部分《亚太贸易协定》参加国之间地理位置较远,或是受客观条件限制,直接运输在实践中不可行或者成本过高。因此,第一款第二项允许转运,但规定了前提条件:一是转运确因地理原因或运输限制;二是产品在过境地不得进行交易买卖;三是过程中除保存、保护产品等手段外,不得对产品进行任何加工。

【实务指导】

中国某企业与斯里兰卡某企业签订销售合同,根据合同运输条款约定(CIF

科伦坡)，货物由中国企业负责定船出运。若中国企业遇到以下两种情形，该如何履行直接运输规则？

情形一：中国企业预订从上海到科伦坡的直航船。

答：斯里兰卡海关可根据本国进口企业提交的海运提单等文件(中国出口企业交付给进口方)确定货物进行了直接运输。

情形二：中国企业预订了从上海经停新加坡港到科伦坡的船。

答：斯里兰卡海关可要求进口企业提供相关证明文件(中国出口企业交付给进口方)，证明货物在新加坡转运时未经过加工且处于新加坡海关监管之下。例如，中国企业可通过代理公司在新加坡当地办理"未再加工证明"。

(四)包装条款

【协定文本】

第六条 包装条款

确定货物的原产地时，产品包装应与其所装货物/产品一并考虑，但其国内立法规定包装需要单独考虑的除外。

【条文解读】

在解读本条定义前，首先对包装进行界定。包装包括两种：一是运输包装(Packing Materials and Containers)，二是销售包装(Packaging Materials and Containers)。运输包装又称"外包装"或"大包装"，是为保护商品数量、品质和便于运输、储存而进行的外层包装，主要有单件运输包装和集合运输包装两类。"外包装"按包装外形分为包、箱、桶、袋、篓、管、卷、捆和罐等；按包装结构方式分为软性、半硬性和硬性包装；按包装材料分为纸制、金属制、木制、塑料、棉麻、陶瓷、玻璃制品和草柳藤编织制品等包装。"大包装"是将若干单件运输包装组合成一件大包装，如集装箱、集装包、集装袋和托盘等，有利于提高装卸速度、减轻装卸搬运劳动强度、便利运输、保证货物数(质)量，并促进包装标准化和节省运杂费用。销售包装又称"内包装"，是直接接触商品并随商品进入零售网点，可与消费者或用户直接见面的包装。

《中华人民共和国海关〈亚太贸易协定〉项下进出口货物原产地管理办法》

第九条规定：在确定货物的原产地时，包装与其所装货物应当视为一个整体。与货物一起申报进口的包装按照《中华人民共和国海关进出口税则》(以下简称《税则》)应当单独归类的，其原产地单独认定。根据本条的规定，企业在适用《亚太贸易协定》原产地规则时，包装对于货物原产地的影响如下：

1. 若运输包装与货物一同归类，在判定货物原产地时，则不必考虑运输包装。

2. 若货物符合完全生产或获得标准，销售包装对于货物的原产资格无影响，在判定货物原产地时，不必考虑其运输包装。

3. 若判定货物原产地时采用区域价值成分标准，在计算时须将销售包装的价值也计算在内：如果销售包装是原产，则计入原产材料价值中；如果销售包装非原产，则计入非原产材料价值中。

4. 若判定货物原产地时采用累积标准，那么如果生产销售包装的原产材料来自前一个国家，则计入 VOM1；如果生产销售包装的原产材料来自最终产品国，则计入 VOM2。

【实务指导】

在适用本条规则时，企业如何理解"与货物一同归类的用于零售的包装材料和容器"？

此处的"零售的包装材料和容器"指的是货物的销售包装。"与货物一同归类"指的是包装的税则号即为货物的税则号，包装不单独归类。企业如何判断货物的包装是否是销售包装以及包装是否与货物一同归类呢？这一问题技术性较强，企业可采用下列思路：

1. 如果《税则》中明确规定某货物为零售包装货物，则该货物默认与销售包装一同归类。例如，某种每件净重为 0.5 千克的耐高温硅胶(HS：350610)，其品目条文为"其他税目未列名的调制胶及其他调制黏合剂；适于作胶或黏合剂用的产品，零售包装每件净重不超过 1 千克"，这说明《税则》已经明确该子目项下的货物为零售包装货物。

2. 如果《税则》中没有明确规定某货物为零售包装货物，则：

A. 对于货物的销售包装的判定，以商品是否具有消费环节所需的标识作为标准确定。销售包装一般要考虑适合对外销售的需要，做到便于陈列、展销、携带和使用，因此，其包装除商标、牌号、品名、数量、产地外，还有根据不同商品，印有规格、成分、用途、使用方法等说明。

B. 对于销售包装和货物一同归类的判定，以《协调制度》归类总规则五对包装容器和包装材料的专门规定为准。包装须满足下列条件方可与货物一同归类：

①制成特定形状或形式，专门盛装某一物品或某套物品的，专门设计的，有些容器还制成所装物品的特殊形状。

②适合长期使用的，容器的使用期限与所盛装某一物品使用期限是相称的，即"在物品不使用期间，这些容器还起保护作用"。

③与所装物品一同进口或出口，不论其是否为了运输方便而与所装物品分开包装。

④通常与所装物品一同出售。

⑤包装物本身并不构成整个货品的基本特征，即包装物本身无独立使用价值。

⑥包装不能重复使用。

(五)特殊比例标准

【协定文本】

第十条 特殊比例标准

最不发达参加国原产的产品在适用第三条和第四条规定的百分比(或比例)时可享受 10 个百分点的优惠。但是，适用第三条时百分比不能超过 65%，适用第四条时，百分比不能低于 50%。

【条文解读】

本条是《亚太贸易协定》对最不发达参加国的特殊照顾，即在第三条非完全生产或获得的货物及第四条原产地累积标准的基础上，再优惠 10 个百分点。最终对最不发达参加国的标准为：

1. 最终产品中，非参加国或不明原产地成分不超过该产品 FOB 价的 65%（正常比例为 55%）；

2. 最终产品中，该参加国成分合计不低于该产品 FOB 价格的 50%（正常比例为 60%）。

第二节　原产地证书申领操作指导

进出口货物享受自贸协定关税减免待遇的前提是具有自贸协定原产资格，而原产资格认定的体现形式为原产地证明。本节将聚焦《亚太贸易协定》项下原产地证书申领的实务操作，帮助中国广大进出口企业更好掌握通过《亚太贸易协定》项下原产地证书顺利享受优惠关税待遇的方法。

一、享受关税优惠待遇的必备条件——原产地证书

（一）原产地证书的概念

原产地证书是相对于非原产地证书而言，主要用于享受关税减免待遇，一般是指区域性优惠贸易协定项下出口货物原产地证明书，由出口国（或地区）授权机构依据相关原产地规则签发、用以证明出口货物原产于某国（或地区）并符合相关原产资格的文件，是一种具有法律效力的、在协定参加国就特定产品享受关税优惠待遇的凭证，是货物进入国际贸易领域的"经济国籍"与"护照"，是通向国际市场的"金钥匙"和"有价证券"。

对于与《亚太贸易协定》其他参加国开展国际贸易的中国企业，货物在出口时可以向中国海关或中国国际贸易促进委员会及其地方签证机构申请签发《亚太贸易协定》项下原产地证书，并在进口时，向进口方海关提交，以申请享受优惠关税待遇。

（二）原产地证书的作用

《亚太贸易协定》项下原产地证书的作用主要包括以下四个方面：

1. 证明货物原产地

《亚太贸易协定》原产地证书是签证机构依据《亚太贸易协定》原产地规则签发的、用以证明出口货物符合《亚太贸易协定》原产资格的证明文件，是享受关税减免待遇的前提条件。

2. 减免进口关税

货物在进口方入境报关时，凭借《亚太贸易协定》项下原产地证书即可享受优惠关税待遇，即适用协定税率(也称区域性优惠税率)。

进口关税税率常见有普通税率、最惠国税率、普惠制税率和协定税率，税率由低到高进行排序通常为：协定税率<普惠制税率<最惠国税率<普通税率(该排序仅供参考，须以进口国最新的关税税率为准)。

《亚太贸易协定》税率查询途径，主要有以下四种：一是前往进口成员方海关官网进行查询；二是通过进口商向进口成员方海关了解关税情况；三是使用中国自由贸易区服务网①的协定税率查询功能进行查询；四是下载《亚太贸易协定》对应的关税减让表进行查询。

3. 信用证结汇单据

当使用信用证(跟单信用证)作为国际贸易结算方式时，《亚太贸易协定》项下原产地证书经常会作为必须提交的单据出现在信用证的单据条款(46A：Documents Required)中。

4. 进行贸易统计依据

各国海关对进出口货物贸易的统计(即海关统计)在各国政府研究和制定对外贸易政策、调控国家宏观经济等方面起着十分重要的决策辅助作用。原产地证书就是各国海关判断进口货物原产国别、进行海关统计的重要依据之一。此外，《亚太贸易协定》项下原产地证书还主要用于辅助双方海关对协定实施效果的监测。

(三)办理原产地证书的条件

如果进出口货物属于《亚太贸易协定》可减税产品，且符合协定原产地规则

---

① 中国自由贸易区服务网：http://fta.mofcom.gov.cn.

要求，即可在货物出口时申请签发，或者货物装运后 3 个工作日内申请签发原产地证书。

二、《亚太贸易协定》项下原产地证书申办程序

(一) 申办条件

中国企业为出口货物申办《亚太贸易协定》项下原产地证书应具备以下条件：

1. 申办主体应为出口商、生产商或出口商依据国内法授权的代理人。

2. 申请人应准备好商业发票、装箱单、提单、原材料采购发票、进口原材料报关单或进口增值税发票及其他佐证材料等资料。

3. 出口货物在《亚太贸易协定》的关税减让清单中，并且符合《亚太贸易协定》优惠原产地规则。如果产品的生产加工不符合《亚太贸易协定》原产地规则要求，则货物无法获得中国原产资格，不能享受关税减免。

企业可通过中国自由贸易区服务网(http://fta.mofcom.gov.cn)、中国国际贸易促进委员会 FTA 服务网(http://www.ccpit-fta.com)，或者海关总署相关网站，查询《亚太贸易协定》关税减让表和原产地规则来了解出口产品是否符合协定要求，也可咨询签证机构工作人员，从而准确掌握原产地规则要求及协定税率、降税安排等关键信息。

(二) 申办流程

自 2019 年 10 月 15 日起，对外贸易经营者备案和原产地企业备案"两证合一"正式实施，企业在商务主管部门完成对外贸易经营者备案后，视同完成中国海关或中国国际贸易促进委员会的原产地企业注册备案手续，可直接登录签证机构的原产地申报系统办理证书。

以企业在中国国际贸易促进委员会申办优惠原产地证书流程为例：

目前，中国国际贸易促进委员会注册企业分线上和线下两种情况，所谓线上注册企业即"两证合一"之后，注册企业的信息直接由商务部推送至中国国际贸易促进委员会。由于特殊情况，推送信息不成功的企业，可以直接联系当地贸促会进行线下注册。

1. 线上注册的企业在中国国际贸易促进委员会原产地证书申办流程

（1）登录

企业完成对外贸易经营者备案后，登录中国国际贸易促进委员会原产地证书申报系统http://qiye.ccpiteco.net.（见图3-1）。

图3-1　注册登录页面

首次登录直接输入"统一社会信用代码"，点击"登录"按钮即显示初始密码，登录成功后将跳转到修改密码页面。

（2）新建手签员

点击"新建手签员"按钮，填写相关信息，下载手签员授权书填写后提交，详见图3-2所示。

图3-2　新建手签员页面信息

（3）上传企业印章

点击"企业印章"按钮，按界面提示要求上传本企业印章电子图片，若未按要求上传印章图片，企业领取原产地证书时需携带印章并需于签证机构现场完成盖章等操作。

（4）填报产地证书信息

手签员信息和企业印章审核通过之后，企业可按界面提示进行原产地证书信息录入，填写完原产地证书详细信息并保存之后，点击"发送"按钮，提交至贸促会，等待审核。

（5）领取原产地证书

提交原产地证书申请后，即可查看原产地证书状态，当状态变为"已发证"，表示中国国际贸易促进委员会审核通过，即可到当地贸促会领取证书。

（6）原产地证书的查询网站

企业可以使用证书上的 CO Certificate No（申请号）和 CO Serial No（印刷号）在 http://check.ccpiteco.net 上查询证书内容及真伪（见图 3-3）。

CHINA COUNCIL FOR THE PROMOTION OF INTERNATIONAL TRADE
INTERNET AUTHENTICATION CENTER
中国国际贸易促进委员会网上认证中心

Login

Search3

*CO Certificate No（申请号）:

*CO Serial No（印刷号）:

*Security Code（验证码）: Refresh

SEARCH   RESET

图 3-3　原产地证书查询页面

2. 线下注册企业在中国国际贸易促进委员会原产地证书申办流程

2019 年 10 月 15 日之前已完成中国国际贸易促进委员会原产地备案的企业，或者推送信息不成功的企业，申办原产地证书操作流程不变，仍然采用线下注册方式。

不办理对外贸易经营者备案的其他主体(如生产商、保税区内从事国际贸易的企业、外商投资企业等),点击"其他类型申办企业"按钮,按照提示进行相关操作。

3. 特别服务事项办理

(1)备案地迁移申请

如在 A 市商务局完成备案的企业,因特别原因不能在 A 市贸促会申办原产地证书,可申请将备案地迁移到 B 市贸促会。企业选择要迁移的地区和贸促会,点击"发送"按钮,即可提交申请(见图 3-4)。

图 3-4 备案地迁移申请页面

发送完成后,企业可查看迁移申请状态(见图 3-5)。

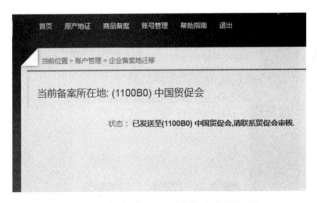

图 3-5 备案地迁移申请状态查询页面

(2)原产地证书自主打印服务申请

原产地证书自主打印是中国国际贸易促进委员会原产地电子政务平台建设

的一项突出成果。它可以通过先进的技术保障，支持企业足不出户完成原产地证书自主打印，实现真正意义上的"不见面办公"。

企业如申请中国国际贸易促进委员会原产地证书自主打印服务，可点击"自主打印申请"按钮，查看"自主打印企业申请材料"和"贸促会原产地证书打印机清单"后，然后按要求上传申请资料，提交中国国际贸易促进委员会审核（见图3-6）。

图3-6　原产地证书自主打印服务申请页面

（3）其他主体申办流程

不需要进行对外贸易经营者备案的其他主体（如生产商、保税区内企业等），点击"其他类型申办企业"按钮，按照提示进行操作（见图3-7）。

图3-7　其他主体申报登陆页面

（4）在线客服

企业在注册、登录系统和制单过程中，有任何疑问可直接联系在线客服或者咨询当地贸促会。

以上申办流程的详细操作指南可见中国国际贸易促进委员会官网，由于存在系统升级及相关规定变化等情况，申办操作指南以企业查询时官网最新公布为准。企业应按照签证机构要求提交申请签发原产地证书所需资料，证明出口货物符合原产地证书签证要求，必要时需接受签证机构的实地核查。

三、证书填制要求

申领人应提前准备好商业发票、提单和报关单等单据。按照填制要求制单，便于申领原产地证书时签证机构核对信息。图 3-8 为原产地证书样本，以下就该证书具体如何填制进行说明。

1. 出口商信息填报

表 3-8　货物启运自（出口商名称、地址和国家）

证书内容	Goods consigned from （Exporter's business name, address, country）
填制说明	填写中国出口商详细的依法登记的名称、地址(包括国家)
范例	1. Goods consigned from （Exporter's business name, address, country） NANJING SINKIRIN INTERNATIONAL TARDE CO., LTD. ROOM 1707, TOWER 03, YIDA HUICHUANG CENTER, PUKOU AVENUE, NANJING, JIANGSU, P. R. CHINA

注意：

（1）本栏填写的出口商名称应与商业发票等单据，对外贸易经营备案登记表内企业英文名称及第 11 栏出口商中英文印章上名称一致。

（2）本栏不可填写两个或两个以上公司名称。

（3）本栏不可使用 O/B、VIA 后接第三方公司信息等方式表述转口贸易的中间商。

ORIGINAL

1. Goods consigned from : (Exporter's business name, address, country)	Serial No. : Certificate No. :

CERTIFICATE OF ORIGIN
Asia-Pacific Trade Agreement
(Combined Declaration and Certificate)

Issued in _____ the People's Republic of China
(Country)

2. Goods consigned to: (Consignee's name, address, country)	3. For Official use

4. Means of transport and route:

5. Tariff item number:	6. Marks and number of Packages:	7. Number and kind of packages/description of goods:	8. Origin criterion (see notes overleaf)	9. Gross weight or other quantity:	10. Number and date of invoices:

11. Declaration by the exporter:

The undersigned hereby declares that the above details and statements are correct; that all the goods were produced in

CHINA
(Country)

and that they comply with the origin requirements specified for these goods in the Asia-Pacific Trade Agreement for goods exported to

(Importing Country)

Place and date, signature of authorized Signatory

12. Certificate

It is hereby certified on the basis of control carried out, that the declaration by the exporter is correct.

Place and date, signature and Stamp of Certifying Authority

图3-8 《亚太贸易协定》项下原产地证书样本

(4)转口贸易模式下，如需体现转口商名称，可将开具发票的转口商名称及所在国家等信息显示在第7栏货物描述后。

2. 进口商信息填报

表3-9 货物运输至(收货人的名称、地址和国家)

证书内容	Goods consigned to (consignee's name, address, country)
填制说明	填写进口方收货人详细英文名称、英文地址(包括国家)
范例	2. Goods cosigned to (Consignee's name, address, country) ESKAY DYESTUFFS AND ORGANIC CHEMICALS PVT LTD 22 D, S. A. BREL VI ROAD, FORT MUMBAJ 400001, INDIA

注意：

(1)收货人名称应与申请人提供的商业发票和运输单据中的名称一致。

(2)进口方应为《亚太贸易协定》参加国企业。

(3)此栏不可填写非进口商信息。

(4)对于第三方贸易，可以注明"TO ORDER"。

3. 供官方使用信息填报

表3-10 供官方使用栏

证书内容	For official use
填制说明	此栏留空。
范例	3. For Official use Serial No. 01210024789 Dated. MAR. 24 2022 is cancelled. VERIFY URL: HTTP://CHECK.CCPITECO.NET/

4. 运输工具及路线信息填报

表 3-11　运输工具及路线栏

证书内容	Means of transport and route
填制说明	填写运输方式及路线，详细说明离港日期、运输工具的编号、装货口岸和到货口岸
范例	4. Means of transport and route FROM SHANGHAI PORT, CHINA TO NHAVA SHEVA, INDIA, BY SEA

注意：

出口货物的运输信息情况，以确保商品在运输途中并未在中国和《亚太贸易协定》相关参加国以外的其他国家或者地区（以下简称"其他国家或者地区"）进行再加工而丧失其原产资格，即要符合"直接运输规则"。

5. HS 编码填报

表 3-12　HS 编码栏

证书内容	Tariff item number
填制说明	此栏填写第 7 栏每项货物名称对应的 6 位 HS 编码
范例	5. Tariff item number 292159

6. 唛头及包装号填报

表 3-13　唛头及包装号栏

证书内容	Marks and number of packages
填制说明	应填写唛头及包装号。如果没有唛头和包装号，应填写"N/M"或"NO MARK"或"NO MARKS AND NUMBERS"

（续 表）

范例	6. Marks and number of packages： DSD ACID NET WT：25KG GROSS WT：25.2KG LOT NO. BAG NO. MADE IN CHINA.

注意：

（1）唛头不得出现中国境外的国家或地区制造的字样。例如：不能出现 MADE IN KOREA 等。

（2）不可因为唛头内容过长而使用"AS PER INVOICE"、"AS PACKING LIST"或"AS B/L"等表达。

（3）当唛头中显示商标时（通常为唛头是图形或者符号），申请人应注意可能涉及的知识产权保护问题。

①当商标为申请人的自有品牌商标时，申请人应能提供其合法有效的商标注册证。

②当商标为申请人受托加工的定牌产品商标时，申请人和委托方应签订关于商标使用许可的合同条款，委托方应享有该商标的所有权或使用权。

7. 包装数量及种类、货物描述填报

表 3-14　包装数量及种类、货物栏

证书内容	Number and kind of packages/description of goods
填制说明	应详细列明包装数量及种类。详细列明每种货物的商品描述，以便于海关官员查验时识别

范例	7. Number and kind of packages/description of goods： 24679. 45KG ON 100 PCT BASIS IE 1020 BAGS OF DSD ACID(4. 4′–DIAMINO STILBENE, 2. 2′–DISULPHONIC ACID) OF 25GS EACH　　AS PER PROFORMA INVOICE NO. IESDY2002 DTD 11. 11. 2020 INCOTERMS：CIF NHAVA SHEVA. INDIA FULL NAME OF THE ITEM AS 4. 4–DIAMINO STILBENE 2. 2–DISULPHONIC ACID(DSD ACID) …

8. 原产地标准填报

表 3–15　原产地标准栏

证书内容	Origin criterion(see notes overleaf)			
填制说明	填写货物申报享受优惠待遇所依据的原产地标准。			
范例	5. Tariff item number： 292159	6. Marks and number of packages： DSD ACID NET WT.：25KG GROSS WT.：25. 2KG LOT NO. BAG NO. MADE IN CHINA.	7. Number and kind of packages/description of goods： 24679. 45KG ON 100 PCT BASIS IE 1020 BAGS OF DSD ACID(4. 4′–DIAMINO STILBENE, 2. 2′–DISULPHONIC ACID) OF 25GS EACH　　AS PER PROFORMA INVOICE NO. IESDY2002 DTD 11. 11. 2020 INCOTERMS：CIF NHAVA SHEVA. INDIA FULL NAME OF THE ITEM AS 4. 4–DIAMINO STILBENE 2. 2–DISULPHONIC ACID(DSD ACID)…	8. Origin criterion (see notes overleaf) A

注意：

享受关税减让优惠的货物必须符合《亚太贸易协定》原产地规则，根据货物适用的原产地标准不同，此栏需对应填写不同的代码。共分五种情形：

1)对于符合"完全获得或者生产的"，对应代码为"A"；

2)对于符合原产地规则第三条规定的，对应代码为"B"，同时需注明原产

于非参加国或原产地不明的材料、部件或产品的总价值占出口产品 FOB 价的百分比(如:"B"40%);

3)对于符合原产地规则第四条原产地累积标准规定的,对应代码为"C",同时需注明原产于参加国领土内的累积成分的总价值与出口产品 FOB 价的百分比(如:"C"60%);

4)对于符合原产地规则第十条特殊比例标准规定的,对应代码为"D";

5)对于货物满足协定项下部门《协议》原产地规则的(具体可参考《亚太贸易协定第二修正案》附录二 A),对应代码为"E"+原产地标准(如:"E"CTH,其中 CTH 代表"品目改变")。为方便查阅,现摘录部门《协议》框架下涉及产品清单及对应的特定原产地标准如下:

表 3-16 部门《协议》框架下产品及特定原产地标准

协调制度(四位编码)	商品描述	特定原产地标准
2201	饮料、酒及醋	品目改变
2707, 2708, 2709, 2710, 2711, 2712, 2713, 2714, 2715	矿物燃料	品目改变
2901, 2902, 2903, 2904, 2905, 2906, 2907, 2908, 2909, 2910, 2911, 2912, 2913, 2914, 2915, 2931, 2932, 2933, 2934, 2935, 2936, 2937, 2938, 2939, 2940, 2941, 2942	有机化学品	品目改变
3817	混合烷基苯	品目改变
3901, 3902, 3903, 3904, 3905, 3906	塑料及其制品	品目改变
3916, 3917, 3918, 3919, 3920, 3921, 3922, 3923, 3924, 3925, 3926		品目改变
4002	合成橡胶	品目改变(除品目 4001 之外)
6401, 6402, 6403, 6404, 6405, 6406	鞋靴、护腿和类似品及其零件	品目改变
6801, 6802, 6803	石料、石膏、水泥、石棉、云母及类似材料的制品	品目改变

（续　表）

协调制度（四位编码）	商品描述	特定原产地标准
7201，7202，7203，7204，7205，7206，7218，7224	钢铁	品目改变
7307，7308，7309，7310，7311，7312，7313，7314，7315，7316，7317，7318，7319，7320，7321，7322，7323，7324，7325，7326	钢铁制品	品目改变
7401，7402，7403，7404，7405，7406，7407，7408，7409，7410，7411，7412，7413，7414，7415，7416，7417，7418，7419	铜及其制品	品目改变
7501，7502，7503，7504，7505，7506，7507，7508	镍及其制品	品目改变
7601，7602，7603，7604，7605，7606，7607，7608，7609，7610，7611，7612，7613，7614，7615，7616	铝及其制品	品目改变
7801，7802，7803，7804，7805，7806	铅及其制品	品目改变
7901，7902，7903，7904，7905，7906，7907	锌及其制品	品目改变
8001，8002，80003，8004，8005，8006，8007	锡及其制品	品目改变

9. 毛重或其他数量填报

表 3-17　毛重或其他数量栏

证书内容	Gross weight or other quantity
填制说明	此栏应填写产品的正常计量单位，如"PCS"，"PAIRS"，"SETS"等； 产品以重量计的则填毛重或净重的，需加注"G. W."（GROSS WEIGHT）或"N. W."（NET WEIGHT）；
范例	9. Gross weight of other quantity 25704KGS

10. 发票号及日期填报

表 3-18　发票号及日期栏

证书内容	Number and date of invoices
填制说明	此栏应填写发票号码及开发票的日期
范例	10. Number and date of invoices IESDY2002-2 JAN. 18，2021

11. 出口商声明填报

表 3-19　出口商声明栏

证书内容	Declaration by the exporter
填制说明	填写产品原产国、进口国、申报地点和日期，并由出口商授权专人在此栏签字
范例	

12. 签证机构证明

表 3-20　签证机构证明栏

证书内容	Certification
填制说明	本栏应由授权机构的授权人员填写、签字、注明签证日期并盖章

（续　表）

范例	12.Certificate It is hereby certified on the basis of control carried out, that the declaration by the exporter is correct. 中国国际贸易促进委员会 单据证明专用章 CHINA COUNCIL FOR THE PROMOTION OF INTERNATIONAL TRADE 张三 Place and date, signature and Stamp of Certifying Authority

第三节　如何高效使用原产地证书

一、合理安排货物运输路线

《亚太贸易协定》中包含非常重要的"直接运输"规则，申明享受优惠关税待遇的参加国原产货物，应当在缔约双方之间直接运输。因此，出口商在安排货物运输时，应尽量选择从中国境内口岸直接运输至《亚太贸易协定》参加国，且途中不经过其他国家或者地区的货物运输路线。如果确有需要经过，则需在中转地办理"未再加工证明"，并在清关时向进口方海关一并提交航空运单、提单、多式联运或联合运输单据、有关货物的原始商业发票副本、财务记录、优惠原产地证书等单据，或进口方海关可能要求的其他相关证明文件。

二、主动申明并提交原产地证书

货物在入境报关时，进口商或其代理人应当按照进口方法律、法规和行政规章办理货物的进口申报手续，其中包括要主动向进口方海关申明适用《亚太贸易协定》税率并提交有效的原产地证书正本或经认证的真实副本。因不可抗力或者出口商无法控制的其他合理原因致使不能按期提交证书时，协定进口方海关应当根据实际情况接收逾期的原产地证书。

三、海关程序与贸易便利化相关措施安排

《亚太贸易协定》作为优惠贸易安排，文本第三章对海关程序与贸易便利化进行了表述，主要内容为：各参加国应在必要时采取适当措施以加强合作，特别是在海关管理方面，以便利本协定的实施，并简化和统一互惠贸易的程序和手续，以此为目的，常委会应实施必要的管理行为。但在实际操作中对于海关程序和贸易便利化方面具体内容并没有形成正式文件，这与中国签署的其他自由贸易协定相比差距较大。下文将结合《亚太贸易协定》实施情况，主要对海关电子信息交换、预裁定的情况进行介绍。

(一)电子信息交换系统

"原产地电子信息交换系统"是中国积极响应《亚太贸易协定》"自动化系统应用"倡议、切实提高贸易便利及合规化水平的具体举措。通过"原产地电子信息交换系统"，进出口双方可实时传输贸易协定项下以原产地证书为主的电子数据，一方面可提升货物通关时效、为通关无纸化做好准备，另一方面也能优化海关监管服务水平，打击进口商低价报关行为，从而保护国家税收安全，推动国际贸易健康可持续发展。

(二)预裁定

预裁定是指在货物实际进出口之前，海关根据申请人(进口货物收货人或出口货物发货人)的申请，对相关的海关事务作出的书面裁定。《亚太贸易协定》虽未对"预裁定"作出明确规定，但预裁定作为海关程序的重要一环，企业应重点关注。海关预裁定包括：

1. 归类预裁定(进出口货物的商品归类)；
2. 原产地预裁定(进出口货物的原产地或原产资格)；
3. 价格预裁定(进口货物完税价格相关要素、估价方法)；
4. 海关总署规定的其他海关事务。

其中，归类预裁定、原产地预裁定和价格预裁定被称为"三预"工作，是海

关解决部分税收要素(商品归类、原产地以及价格)确定难题、提高通关便利化水平的利器。

企业(尤其是从事进口业务的企业)可在货物拟进出口3个月前向企业注册地直属海关提出预裁定申请,通过办理海关预裁定,将价格、商品归类和原产地三个专业性较强的申报要素进行前置确认,便能在货物实际进出口之前消除申报疑虑,准确预知申报规则,实现合规申报。

对于进出口企业,预裁定是理解海关规则、降低通关风险、提升通关效率的重要途径;对于海关,预裁定是提升监管效率、统一执法标准、消除关企之间可能发生争议的重要手段,而且通过规定申请人的"(海关)企业分类等级",有利于营造良好的经营环境,促使企业守法自律,保障进出口贸易的安全与便利。

(三)经认证经营者(AEO)

经认证经营者(Authorized Economic Operator,简称AEO)制度是指按照国际通行规则,海关对信用状况、守法程度和安全管理程度较好的企业进行认证,对通过认证的企业给予本国和互认国通关便利的制度安排。AEO制度对企业的便利主要有以下几点:

1. 国内通关受益

(1)减少在海关通关的时间及成本;

(2)降低海关查验率;

(3)享受较低的担保金额或免除担保;

(4)海关为企业设立协调员;

(5)国家有关部门实施的守信联合激励措施;

(6)提高贸易竞争力。

2. 互认国家通关受益

(1)减少单证审核;

(2)适用较低的查验率;

(3)对需要检查的货物给予优先查验;

(4)指定海关联络员负责即时沟通;

（5）实施快速通关，包括在国际贸易中断并恢复后优先通关。

截至 2021 年 5 月，中国已与新加坡、韩国、欧盟、中国香港、瑞士、以色列、新西兰、澳大利亚、日本、哈萨克斯坦、蒙古国、白俄罗斯、乌拉圭、阿联酋、巴西、塞尔维亚、智利、伊朗、乌干达等 20 个经济体的 46 个国家或地区实现了 AEO 互认。虽然大多数《亚太贸易协定》参加国目前仍未与中国达成 AEO 互认，但随着中国海关的积极推进，相信会有越来越多的亚太贸易伙伴能够享受 AEO 制度带来的便利。随着 AEO 制度在全球范围持续推进，AEO 高级认证企业必将成为商业活动中被优先选择的合作伙伴，AEO 高级认证也将成为优质企业与普通企业的分水岭。

第四节 原产地证书"微小差错"处理及核查应对

进口商在使用原产地证书进行报关时或报关后，可能遇到一些问题，处理不当或将影响关税减免。

一、证书内容存在"微小差错"

如果《亚太贸易协定》项下优惠原产地证书所列内容与办理货物进口手续向进口方海关提交的其他单证所列内容之间存在非实质性差异，只要进口方海关对相关货物的原产地没有疑义且原产地证书所列产品与所报验的产品相符，这些非实质性差异就不会影响证书的有效性。《亚太贸易协定》缔约方收货人（进口商）或者其代理人可以按照进口方国内法律、法规和行政规章办理相关手续后先行提货，如按相关商品所适用的较高税率缴纳进口关税或保证金，待相关差异性问题得到澄清后，再依照进口方国内法律、法规及行政规章、退还多征的税款或保证金。

如果《亚太贸易协定》项下原产地证书包含多项商品，其中某些商品有问题时，并不会影响证书上其他货物正常享受优惠关税待遇，也不会延迟其他货物正常清关。

二、原产地核查

进口方海关发起原产地核查是较为常见的影响原产货物顺利清关、享受关税优惠的情况。进口方海关可以在有理由对有关文件(如 Form E)的真实性或者涉及全部或部分产品原产地信息的准确性存疑时发起核查程序，也可以按照一定比例发起随机核查。

(一)常规流程概述

进口方海关会以书面形式(核查函)提出核查请求，并随附相关的原产地证书复印件，如果不是随机核查，还会说明核查的详细原因或指出原产地证书中可能有误的地方。

在等待核查结果期间，只要相关产品不属于禁止或限制进口产品，且不涉嫌瞒骗，《亚太贸易协定》参加国收货人(进口商)或者其代理人可以依照进口方国内法律、法规及行政规章办理相应管理措施后(通常是按产品所适用的较高税率缴纳关税或等额保证金)并先行提货，只要最终的核查结果可证明原产地证书内容准确无误，进口方海关将退还多征的税款或保证金。

需要特别注意，此类核查均有时间限制，《亚太贸易协定》规定，出口方海关或签发机构在收到核查请求后 3 个月内予以回复。在此期间，证书签发机构和出口企业、货物生产商需要密切配合，根据核查函中进口方海关的质疑点收集整理相关佐证材料，签发机构对相关材料进行审核确认(必要时可开展实地核查)，出具核查结果回复进口方海关。通常情况下企业需提供的材料包括货物出口商、生产商的营业执照、物料清单(BOM 表)、货物涉及的原材料来源证明(有进口成分的可提供进口报关单、合同等，中国原产材料可提供原材料采购发票等)、产品成本明细表、商业发票等。进口参加国海关在发出核查请求后 4 个月内没有收到回复，海关当局可以拒绝给予优惠关税待遇。

在核查过程中，包括实质性程序和确定相关货物是否原产等，应当在 6 个月内完成并向签证机构通报。如果协定出口方相关签证机构的答复未包含确定有关文件的真实性或货物的原产地的充足信息，进出口参加国相关机构应当在

3 个月内进行双边协商。倘若协商无果，进口参加国海关当局可以拒绝给予优惠关税待遇。

(二)企业可能遇到的核查内容

近年来，总体上《亚太贸易协定》各缔约国向中国企业发起的核查数量较少。但根据其他自贸协定经验，部分国家也会通过发起原产地核查影响中国企业享受关税优惠待遇，需要格外注意。

表 3-21 总结并列举了原产地证书在使用过程中遭遇的核查和应对方法，以期帮助企业减少不必要的核查，助力企业合规享惠。

表 3-21　原产地证书的核查内容及应对建议

序号	核查内容	应对建议
1	直接运输规则	企业应尽量选择直运航线，确需经中转的，除必要物流活动外，不得在中转地(包括中间参加国或者非参加国)进行任何加工，且需要根据进口方海关要求提供必要的运输单据、未再加工证明等材料
2	优惠原产地证书内容与商业单据内容存在不一致，常见有商品金额、唛头信息、发票日期等	企业应当建立完善的单证管理制度，确保"单单一致"，减少优惠原产地证书内容与商业单据内容存在不一致的情况发生
3	优惠原产地证书上未严格对照商业发票，详细列明所有商品信息	当出口的货物涉及多种型号、品名较多时，企业应当严格对照商业发票，详细写清货物描述、数量等信息
4	货物的原产地标准填写错误	企业应当如实填写产品原材料来源地，上传佐证材料，规范填制原产地标准，有疑问需联系签证机构专业人员
5	进口方海关对优惠原产地证书的真实性，包括印章、签证人员签字是否真实有效问题存疑	申请自主打印的企业，应保证打印机工作运行正常，打印的证书没有明显印刷问题，印章、签字清晰

第五节　建立企业原产地合规管理体系

随着国际分工愈加细化，尤其是工业制成品领域，货物生产和加工制造工序也日益复杂化；与此同时，中国签署的自贸协定数量不断增加，不同协定原产地规则要求不尽相同，对货物原产地的判定更加困难，不少企业在申办和使用优惠原产地证时出现问题，影响到正常享惠。为降低原产地核查风险，确保企业享受到优惠关税待遇，助力企业更好开拓国际市场，建议企业建立相配套的原产地合规管理体系。

一、企业管理层重视

企业管理层、各部门之间要充分认识原产地合规的重要性并形成共识。有条件的企业可建立独立的原产地合规管理部门，中小企业可设立原产地合规管理小组，由专人进行货物原产地管理，负责从原材料的采购，原产地证书的申办、使用，到与货物原产地相关材料的全流程档案管理。

二、原产地合规管理系统的运用

为保证从货物原材料采购、商品税则归类、原产地证申领及使用和商业单证的档案管理系列流程的合规性，减少流程中出错的可能性，有条件的企业可将原产地合规（生产）管理纳入企业资源计划，即 ERP（Enterprise Resource Planning）系统中。未建立 ERP 系统的企业，也可通过信息化管理手段，建立一整套完善的涉及货物生产制造及销售全流程的单据档案管理系统。

此外，有条件的企业可尝试开发和应用原产地智能管理系统，嵌入中国已签署自贸协定的原产地规则、协定税率及降税安排等内容，对货物的原材料、零部件来源、价格等信息进行动态管理，随时跟踪相关货物是否具备中国原产资格，及时申办原产地证书以获得关税减免。

三、加强企业原产地知识的培训

面对愈来愈复杂的产品原产地规则和原材料供应链情况，为更好地享受《亚太贸易协定》带来的关税优惠，降低原产地核查风险，帮助企业更好融入亚太生产网络和产品供应链，推动企业更高水平参与区域内经济协作，企业应加强对各协定原产地规则的了解，并充分加以运用。

(一)建立多部门参与的企业原产地管理体系

随着中国签署自贸协定的增多，与协定缔约国贸易往来日益密切，原产地合规管理已经不仅仅是单证业务的范畴，更是企业降低成本、开拓国际市场的重要手段。这就要求不仅仅是单证人员，公司的市场部门、销售部门、物流部门和财务部门等均应当积极参与到货物原产地管理工作中。市场和销售部门应及时掌握企业进出口货物可以享受的自贸协定关税优惠的信息，推动企业节约进口成本或提高出口产品竞争力，更好地开拓海外市场。物流部门在安排货物运输时，要注意遵守协定规定的直接运输规则。在货物转运时，按要求及时办理和提交相关运输单据或未再加工证明。财务部门也应了解一定的原产地规则，比如，涉及到区域价值成分计算时合理选择会计原则，辅助单证人员准备申报货物原产地信息。

(二)加强对企业原产地工作人员的业务培训与合规教育

企业应当建立围绕货物原产地管理的自主培训体系。可围绕中国签订的自贸协定定期举办内部培训或交流学习，也可积极参加由签证机构组织的各类原产地培训。涉及优惠原产地申领的内容，可由企业具体负责单证人员参加；涉及利用原产地规则进行关税筹划、企业供应链管理等内容，可由企业相关部门中高层参加。

四、建立原产地相关文档管理制度

《亚太贸易协定》对出口商、生产商、签证机构或主管部门以及进口商与证明货物原产资格、货物享受优惠关税待遇相关的文件材料、记录的保管作了要求，明确原产地证书的申请书和相关文件应由签证机构自签发之日起至少保存二年。当进口参加国发起核查请求，出口方的签证机构需要提供与证书准确性有关的资料。

　　核查过程中通常需要货物的进口商、出口商和生产商予以配合。企业需要保存的材料应当包括但不限于，原产地证书副本、报关单、箱单、物料清单（BOM 表）、货物涉及的原材料来源证明（有进口成分的可提供进口报关单、合同等，中国原产材料可提供原材料采购发票等）、产品成本明细表、商业发票等。

总　结

　　《亚太贸易协定》是亚太地区唯一连接东亚、东南亚和南亚的区域贸易安排，现有孟加拉国、印度、老挝、韩国、斯里兰卡、蒙古国和中国 7 个参加国。《亚太贸易协定》并不是严格意义上的自由贸易协定，它是一个区域性的多边贸易协定，与自由贸易协定的主要区别是，协定参加国之间同意对某些产品给予部分关税减免待遇，而不是以取消绝大多数货物的关税为目标。自 2006 年以来，各参加国已提供合计 4000 多个税目产品的关税削减。

　　协定文本内容复杂，技术性强，阅读难度较高，对读者的专业知识提出了较高要求。本指南是对协定文本的有益补充，有助于各方更加充分地理解及利用该协定。

货物贸易

　　➢《亚太贸易协定》属于优惠贸易安排，是最低程度和最松散的区域经济一体化形式。实行优惠贸易安排的参加国之间，通过协议或其他形式，就部分进出口商品相互给予对方一定的关税减让优惠，参加国按照各自的标准分别征收关税。虽然《亚太贸易协定》货物贸易优惠在各种区域一体化形式中程度较低，但其涉及参加国涵盖面广，涉及品类齐全。

　　➢ 第四轮关税减让谈判形成的《亚太贸易协定第二修正案》于 2018 年 7 月 1 日起实施。根据第四轮关税减让新税率，《亚太贸易协定》7 个参加国共对 10312 个税目产品承诺削减关税，适用于所有成员，称为"一般减让"，平均降税税目比例超过 28%，平均降税幅度为 33%。此外，各参加国在自愿基础上单方面给予协定内最不发达国家孟加拉国 1259 个产品特惠税率安排和老挝 1251 个产品特惠税率安排，称为"特殊减让"，平均降税幅度分别为 86.4% 和 86.2%。

　　➢《亚太贸易协定》各参加国产业具有较强的互补性，除中国、韩国外，其余各国缺乏成熟的产业链条，以出口原材料为主。中国企业应发挥产业集群优势，打造高附加值来料加工贸易体系和合作型跨国产业集群，推进亚太区域经济一体化发展。

原产地规则及程序

➢ 原产地被称为货物的"经济国籍"，在自贸协定货物贸易自由化的实施过程中，发挥着至关重要的作用。

➢《亚太贸易协定》项下货物原产地规则主要由原产地标准和补充规则组成。其中，原产地标准明确了原产货物的涵盖范围，列明了货物适用原产资格的具体条件；补充规则对累积规则、直接运输、包装条款等作出了规定。

➢《亚太贸易协定》还存在继续修订的可能，建议广大企业及时跟踪相关政策变化，以便在第一时间找到商机、谋求发展。

参考文献

1. 胡艳霞. 亚太贸易协定成员国间贸易竞争性和互补性分析[D]. 天津：天津师范大学，2013.

2. 刘晨阳. 中国参与的区域经济合作组织研究[M]. 北京：中国商务出版社，2007.

3. 孙杭生. 曼谷协定及其关税减让[J]. 江苏商论，2006(3).

4. 王艳红. 解析亚太贸易协定，调整企业经营战略[J]. 天津经济，2007(3)：44-45.

5. 玉塔万. 中国—老挝新时代全面合作研究[D]. 南昌：南昌大学，2019.

6. 钟昌元. 浅析《亚太贸易协定》优惠原产地规则[J]. 对外经贸实务，2009(3).

7. 去年 OECD 国家中仅韩国服务贸易出口呈负增长[N/OL]. 中国日报网，2018-05-15. http://world.chinadaily.com.cn/2018-05/15/content_36201569.htm.

8. 商务部国际贸易经济合作研究院，中国驻老挝大使馆经济商务处，商务部对外投资和经济合作司. 对外投资合作国别(地区)指南老挝(2019版)[R/OL]. http://www.mofcom.gov.cn/dl/gbdqzn/upload/laowo.pdf.

9. 孟加拉国概况[EB/OL]. (2022-06). https://www.mfa.gov.cn/web/gjhdq_676201/gj_676203/yz_676205/1206_676764/1206x0_676766/.

10. 老挝国家概况[EB/OL]. (2022-06). https://www.mfa.gov.cn/web/gjhdq_676201/gj_676203/yz_676205/1206_676644/1206x0_676646/.

11. 蒙古国概况[EB/OL]. (2022-06). https://www.mfa.gov.cn/web/gjhdq_676201/gj_676203/yz_676205/1206_676740/1206x0_676742/.

12. 亚太贸易协定[EB/OL]. (2006-09-01). http://fta.mofom.gov.cn/ya-tai/yatai_special.shtml.

13. 商务部综合司，商务部国际贸易经济合作研究院，国别贸易报告印度

2020［R/OL］．（2020-03-23）．https：//countryreport. mofcom. gov. cn/record/qikan110209.asp?nianfen1=2020&country=% D3% A1% B6% C8.

14. 习近平同蒙古国总统巴特图勒嘎会谈［EB/OL］．（2020-02-27）．http：//www.xinhuanet.com/photo/2020-02/27/c_1125635837.htm.

15. 商务部综合司，商务部国际贸易经济合作研究院. 国别贸易报告印度2020［R/OL］．https：//countryreport. mofcom. gov. cn/record/qikan110209. asp?nianfen1=2020&country=% D3% A1% B6% C8.

后 记

　　自由贸易协定商务应用指南丛书终于付梓出版，与广大读者见面了。作为多年自由贸易协定谈判的参与者、见证者，我感到无比欣喜。这套丛书共计 16 册，涵盖了从《中国—东盟自由贸易协定》到《区域全面经济伙伴关系协定》等我国迄今签署并生效的所有自由贸易协定，是对中国自由贸易协定截至目前最全面翔实的解读，希望能够成为广大企业和从业人员利用自由贸易协定规则、开展国际贸易和跨境投资活动的，最直接有效的工具书。

　　当今世界，自由贸易协定作为世界贸易组织规则的有益补充，正在发挥着越来越重要的作用。据世贸组织统计，截至 2021 年 10 月，世界各国已经生效并正在实施的自由贸易协定达到 353 个，而且数量呈加速增长态势，仅 2021 年上半年就有 17 个自由贸易协定被通报到世贸组织。目前，每一个世贸组织成员均参与了至少一个自由贸易协定。就货物贸易而言，自由贸易协定覆盖了世界近 50% 的贸易额，有 20% 的全球贸易发生在基于优惠关税税率的自贸伙伴之间。自贸协定成员间的服务贸易和相互投资也呈现上升态势。同时，现代的自由贸易协定已经超越传统的世贸组织规则范围，纳入了投资、竞争、电子商务、政府采购、环境、劳动力、中小企业等新条款，涉及内容从"边境上"向"边境后"拓展，成为国际经贸新规的探路者和先行军，对国际经贸规则重构具有重要的示范和导向意义。

　　积极商签自由贸易协定、建立自由贸易区是我国的一项重要战略。截至目前，我国已同 26 个国家和地区签署了 19 个自由贸易协定，涵盖了我国 35% 的货物贸易、1/3 的服务贸易和 80% 的相互投资。充分利用自由贸易协定的优惠政策，可以极大改善我国企业的市场准入条件，降低经营成本，增强我国产品、服务和投资的国际竞争力。与此同时，自由贸易协定所包含的规则制度也逐渐成为我国企业开展国际化经营必须掌握和遵循的营商准则。据中国海关统计，2020 年，我国享受优惠关税进口的货值达到 10340.7 亿元，税款减免 832.6 亿元，企业从中得到了实实在在的利益。我国"十四五"规划提出，加快推进规则、规制、管理、标准等制度型开放，构建与国际通行规则相衔接的制度体系和监管模式，自由贸易协定是一个不容忽视的重要参照系。

由于每一份自由贸易协定都是一份法律文件，为了保证协定法律上的严谨性和规范化，自由贸易协定的文字往往比较晦涩难懂，广大企业和从业人员阅读理解以及运用并非易事。为了解决这一问题，中国贸促会组织各方专家力量，历时近一年时间，编写了这套丛书，从商务应用的角度对我国目前签署并且生效的全部自由贸易协定进行解读，目的就是便于相关企业和人员学习掌握，真正把这些自由贸易协定转化为企业开展进口与出口、吸引外资与对外投资的"通行证"和"优惠券"。

本套丛书有以下突出特点：

一是全面性。目前对我国自由贸易协定的解读文本不少，但总体上还是比较零散的，尚没有形成一个完整的体系。本套丛书按照协定签署的时间顺序，从2002年11月我国达成的第一个自由贸易协定《中国—东盟自由贸易协定》写起，至2022年1月生效的《区域全面经济伙伴关系协定》收笔，依时排列，共计16册，囊括了我国正在实施的每一个自由贸易协定，时间跨度近20年，既做到了"一区一册"，又实现了系统集成，使得读者一套丛书在手，便可尽览我国所有自由贸易协定。

二是系统性。本套丛书对每一个自由贸易协定的解读都独立成册，但在编写过程中也充分考虑到整套丛书内容和体例的协调统一。每册指南都包含了协定签署的时代背景、货物贸易、原产地规则、卫生与植物卫生措施、技术贸易壁垒、贸易救济、海关合作与贸易便利化、服务贸易、投资、电子商务、知识产权、争端解决等内容，章节顺序也尽可能保持一致，以便于读者系统把握每个自由贸易协定的核心要义和横向比较各个自由贸易协定的规则异同。

三是专业性。本套丛书的编写者都是多年从事国际贸易投资研究的专家学者，在写作过程中又广泛听取了商务部、海关总署等有关政府部门直接参与协定谈判人员的意见建议。文稿内容涵盖了我国自由贸易协定的全部主要章节要素，既有对经贸术语的释义，也有对案文条款的解读，结构完备，体系严密，内容全面，分析严谨，逻辑性强，对每一项规则的解释说明都力求准确到位，具有较高的专业水准，是当前关于自由贸易协定最具权威性的参考文献之一。

四是实用性。本套丛书面向的读者对象主要是广大企业和从业人员，因此，实用性始终是编写者追求的重要目标。丛书聚焦自由贸易协定的两大核心主题，即市场准入安排和规则制度设置，着重对自由贸易协定所包含的货物贸易、服务贸易、投资领域的市场准入机会按产品、分行业进行详细分析；同时，又对竞争政策、知识产权保护、贸易救济措施、争端解决机制等规则应用展开具体解读，并在每一章节辅以案例予以生动说明。通过阅读本套丛书，读者不仅可以充分掌握各类市场准入机遇，更好开拓国际市场，而且能够有效利用协定规则，维护自身的合法权益。

五是通俗性。作为对自由贸易协定这类法律文件的解读，本套丛书在保证各个协定法律原意的基础上，力求通俗易懂，尽量使用非专业人士容易理解的文字解释协定的条款内容；同时，为应对协定可能引发的各类问题，如贸易救济、争端解决等，制定了清晰明了、可以直接参用的路线图，从而使阅读本套丛书的每一家企业、每一个从业人员都能够读得懂、用得上。

本套丛书的中国—韩国篇、亚太贸易协定篇、中国—格鲁吉亚篇、中国—瑞士篇、中国—巴基斯坦篇、内地与港澳篇和海峡两岸篇由山东大学组织编写，刘文教授担任负责人；中国—新加坡篇、中国—智利篇、中国—秘鲁篇和中国—哥斯达黎加篇由中国人民大学和对外贸易经济大学组织编写，王亚星教授、卢福永副教授担任负责人；中国—新西兰篇、中国—冰岛篇和中国—澳大利亚篇由南开大学组织编写，于晓燕副教授担任负责人；中国—东盟篇和《区域全面经济伙伴关系协定》篇由南京大学组织编写，韩剑教授担任负责人。此外，丛书每篇中的原产地规则解读及应用章由中国贸促会商事认证中心组织编写，闫芸主任担任负责人。对于他们的专业精神和辛勤付出，在此表示衷心感谢！本套丛书在编写过程中也得到了商务部、海关总署等有关领导和同志的悉心指导和斧正，在此一并致谢！

本套丛书涉及的协定内容广博，条文复杂，受主观和客观条件的制约，解读未必完全精准，疏漏错误在所难免，诚恳希望广大读者朋友批评指正。

中国贸促会将以本套丛书的出版发行为契机，认真落实党中央关于实施自由贸易区提升战略的决策部署，立足新发展阶段，贯彻新发展理念，围绕构建新发展格局要求，与时俱进，履职尽责，密切跟踪我国商签自由贸易协定的新进展，继续做好未来新签自由贸易协定商务应用指南的编写工作；同时，进一步加强宣传推广，让我国在自由贸易领域的最新开放成果，更快更好地惠及我国企业和人民，为服务我国建设社会主义现代化国家的宏伟目标作出积极贡献。

中国国际贸易促进委员会副会长

张少刚

2022 年 10 月 8 日